十三億分の一の男

中国皇帝を巡る人類最大の権力闘争

峯村健司
朝日新聞国際報道部
機動特派員

十三億分の一の男

中国皇帝を巡る人類最大の権力闘争

プロローグ

私が1年間追い求めてきた女性が今、眼の前にいる。

彼女のもとへ駆け出したい衝動に駆られながら、高揚感を必死に抑え、あと数分後には訪れるであろう接触の時をじっと待った。

2014年5月。米ハーバード大学に在籍するという習近平《シーチンピン》の一人娘を私はあてどなく探し続けていた。4年ほど前、中国の最高指導者のただ一人の娘が米国に留学しているという情報が流れるや、うわさはさまざまな尾ひれをまといながら瞬く間に広がった。ニューヨーク・タイムズなど、米主要メディアがこぞって同大学に取材班を送り込み、潜入取材を始めた。だが、誰一人として姿を確認できたものはいなかった。

「あれはガセネタだ」「すでに帰国してハーバードにはいない」。そうした情報が流れるたびに、メディアの人数は一人ずつ減っていった。もちろん、かくいう私も彼女が米国にいるという情報について、半信半疑だったことを正直に告白しておきたい。

中国は、米国の超大国の地位を虎視眈々《たんたん》と狙うライバルの関係にある。特に双方の軍は互いを、仮想敵国の一つとしてとらえている。中国の軍のトップでもある最高指導者、その娘が彼《か》の国の、さらにはハーバード大学という米国きってのエリート養成機関に在籍しているとは、にわかには信じがたかったのだ。

習の一人娘が米国のメディアにさらされることは、情報統制を強める中国では、最も避けたい事態に違いないし、そのリスクを背負ってまで彼女を米国に留学させる理由もないように思われた。

ただし、その「まさか」が往々にして起こるのが中国という国の不思議さであり、さらには取材者にとっては、これ以上ないほど魅力的な作品の題材でもある。本書を読んでいただければ、その一端に触れられると思う。今回も、一時は探すのを諦めかけた習の娘の行方を、ひょんなことからつかむことができた。

そして――彼女は眼前にいて、同級生たちと談笑している。それが一段落するや、その場を去ろうと歩を進め始める。私との距離は、10メートル、5メートル、3メートルと徐々に縮まっていく。

直撃するなら今しかない。

その顚末は第二章に記しているので、詳しくは読んでいただきたい。

直撃は成功とも失敗とも言えなかったが、それでもある種の充実感と高揚感はまだ残っている。成否はともあれ、「現場取材」こそ、すべての取材者の基本だと思っている。

あえて、そう声を大きくするのは、中国という情報統制の厳しい国では、中国共産党の監視の眼をかいくぐっての現場取材はタブーだとされているからだ。党幹部たちへの直撃などもってのほかだ。

中国報道は、中国国内の地元メディアはおろか、中国当局の姿勢に批判的な日本メディアですら中国共産党のフィルターを通した報道に陥りやすい。その反動なのか、現場取材ができないことを理由にして、現実の状況をまったく無視した「論」で、未知なる国の異常性ばかりを語ろうとする報道や書物も少なくない。

そうした中国報道を見るにつけ、ある種の違和感を覚えるようになった。そこには、当事者もいないし、現場も存在しないからだ。

本書では、私が実際に体感したことしか、描いていない。ひたすら「現場」に足を運び、そこで起こった「ファクト（事実）」のみを記している。

私は、２００７年5月から5年10カ月の間、朝日新聞社の北京特派員として、巨大な隣国の躍動を追いかけた。

07年と12年の2度にわたる共産党大会や、08年の北京五輪などの大きなイベントを取材する機会に恵まれた。日中関係を悪化させた中国製冷凍ギョーザ毒物混入事件や10年、12年と吹き荒れた反日デモも最前線で見てきた。

どの現場や会見でも底流に見えたものがある。

権力闘争だ。

記者会見の席で、明らかにミスをしているとわかっていても、死にものぐるいで強弁する中国政府幹部。引退して何年も経つのに、人事異動の時期が近づくと車いす姿で表舞台に出て存在感を示そうとする長老。彼らのDNAの中に埋め込まれているとさえ思えるほど、権力への強い執着心を感じずにはいられない。

共産党は表向きには全会一致を是としている。人事も政策も平和的に話し合いで決めていることになっている。公式メディアには「政争」や「派閥」という文字が躍ることはありえない。

だが、実際は水面下で血みどろの激しい攻防が繰り広げられているのだ。それは犠牲者を出すこともいとわない、まさに死闘と言っていい。

共産党が一党支配する中国において、法律や規則はしばしば軽視されることがある。党内の闘争を勝ち抜いた者だけが、自分の都合のいいように法律を解釈し、自分が有利になるように規則を運用しているに過ぎない。闘争に負ければ、座して勝者の裁きを待たねばならないのだ。

私は北京で取材をしていた時、権力闘争によって共産党は寿命を縮め、ひいては崩壊を招くだろうと考えていた。毛沢東《マオザードン》や鄧小平《ドンシャオピン》といったカリスマ的指導者の亡き後、党内闘争が日に日に激化していくのが手に取るようにわかった。

まさに混沌と混乱の中でトップに選ばれたのが、習近平だった。実力者不在の中で、各勢力が激しく水面下で駆け引きした末に決めた妥協の産物だった。だからこそ、習の権力基盤はもろく、遠くない将来、足元がぐらつくだろうと予測していた。

ところが、中国から帰国して、離れた地から改めて見つめ直すと、だまし絵のように違った姿が浮かび上がってきた。

13年夏、北京特派員を終えた私は、客員研究員として米ハーバード大学に招かれることになった。所属先は、ハーバード大フェアバンクセンター中国研究所。中国現代史を教えていた故ジョン・キング・フェアバンクが1955年、設立した研究所だ。中国語では、フェアバンクの中国名をとって、費正清中国研究中心と呼ばれている。

中国人にとって最も有名な外国の研究機関の一つだろう。学者以外にも、世界中の政府職員やジャーナリストが所属しており、同僚は、米国人と中国人を中心にして、ドイツ人、韓国人、イギリス人などさまざまだ。

全米から中国研究をしている学者や政府当局者を招き、研究会や討論会を開いている。カーター政権で国家安全保障担当の大統領補佐官だったズビグネフ・ブレジンスキーや、元国防次官補でハーバード大教授のジョセフ・ナイのほか、現役の米軍幹部ら、多彩なゲストたちばかりだ。日中両国が対立を深めている尖閣問題から、中国の不動産バブルまでテーマは幅広い。

中国の共産党や政府の幹部らを招くこともあった。中国人にとっては、「哈佛（ハーフォー＝ハーバードの中国語）」は最も有名な海外の大学で、訪米する中国要人の多くが立ち寄って講演をする。この受け入れ機関として、講演の内容や場所を手配するのも研究所の重要な役目だ。来客の中には、北京特派員時代に何度取材を申し込んでも拒否された幹部もいる。

本国の監視の目が届かない自由の国に足を踏み入れたせいだろうか。中国内では口にできない政府や党の内部の敏感かつ踏み込んだ内容を披露してくれた。彼らと議論を重ねていくうちに、あることに気がついた。

権力闘争こそが、中国共産党を永続させるための原動力なのではないか――。

共産党の歴史を振り返ると、１９２１年の結成以来、路線対立や闘争が繰り返されてきた。毛沢東が権力掌握のためにしかけた反右派闘争や文化大革命、毛の後継者となった華国鋒《ホワクオフォン》と鄧小平の政争、改革開放をめぐる鄧と保守派高官の対立……。

中国共産党史は、ライバルたちの激突によって紡がれてきた。

これは党上層部に限った話ではない。党員は、入党した瞬間から闘いが始まる。出世の階段を一つずつ上るたびに、闘いは激しくなっていく。どんなに地位を上り詰めようとも、勝ち続けなければならない宿命を負っている。

同時にそのことは、山のような敗者が毎日生み出されていることを意味する。「敗北」という二文字とは常に背中合わせだ。その恐怖におびえながら、必死にはい上がろうともがくことが、世界第2位の大国となった中国が未来に向かって進むためのパワーを産みだしているのではないか。

こうした見方をすると、習の評価も変わってくる。過去に例のない激しい闘争の末に誕生したからこそ、共産党にとっての最大の正統性を持ち、歴代の指導者よりも権力基盤をより早く強固なものにすることができたと言える。

米国の中国専門の研究者や政府関係者の習に対する評価も、極めて高い。過剰ではないか、と思うこともあるほどだ。

習がどうやって、13億人もの民の頂点に立つことができたのか。大国をどう導こうとしているのか。日本を含めた世界とどのように関わろうとしているのか。本書では、こうした疑問に対して、自分の眼と耳と足で実際に得たファクトをもとに、答えを出していきたい。

紅い貴族たちの
「権力の牙城」

大連市（遼寧省）
市長に就いた薄熙来が「北方の香港にする」というかけ声のもと大開発。
北戴河（河北省）
毎年夏に、歴代の高官らが非公式会議（北戴河会議）のために集まる避暑地。
チベット自治区
チベット族が独立を求め、騒乱が頻発。自治区書記だった胡錦濤が騒乱鎮圧を評価されて、出世街道を進む。
北京市
中国政治の中枢。政治局常務委員など最高幹部の執務室や居宅が置かれた「中南海」がある。
黄河
陝西省
河南省
南京
長江
チベット自治区
ラサ
四川省
香港
四川省
四川省党委書記などを務めた周永康の権力地盤。
重慶市
重慶市党委書記として薄熙来がマフィア撲滅運動を展開。
陝西省《せんせい》
習近平は16歳の時、文革の下放政策によって、同省の農村に送られた。洞穴式住居で6年間を過ごす。
河南省
李克強が全国最年少43歳で省長に就任。人民解放軍幹部・谷俊山の大邸宅「将軍府」もこの地に。
上海市
過去、上海市長、上海市党委書記などを歴任した江沢民の権力地盤（上海閥）。
地図：infographics 4REAL

目次

装丁　多川優

第一章 愛人たちが暮らす村

著者撮影

「月子中心」と呼ばれる中国人専門の産後ケアセンターに滞在する中国人妊婦たち

中国人専門の「産後ケアセンター」

「うちに二人目の赤ちゃんが生まれました」

ある日、知り合いの中国人女性から、中国版の「LINE」である「微信」(ウィーチャット)を通じて知らせがあった。生まれたばかりの女の子の写真が添付されている。

この女性は中国軍の現役軍人だ。夫も軍に所属している。特派員として北京にいた際、夫妻に知り合った。

祝いの返信を書きながら、ふと疑問に思った。

違法ではないか。

夫妻にはすでに男の子がおり、二人目の子どもは「一人っ子政策」で禁じられているからだ。中国政府が人口増加を抑えるために、1979年から実施している政策だ。急速に少子高齢化が進んだため、最近になって農村出身者や一人っ子同士のカップルには第2子を認めるなど、緩和されつつある。しかし、その中でも軍人と公務員は例外だ。特に軍人には厳しく運用されており罰金だけではなく、転籍や降格などの処分も受けかねない。

心配になって尋ねると、あっけらかんとした答えが返ってきた。

「大丈夫よ。米国に行って産んだから。女の子は中国人ではなく、アメリカ人なの」

米国の法律では、米国内で生まれた子どもは親の国籍や在留資格にかかわらず米国市民として扱われる。州にもよるが、小学校から高校まで10～12年間の義務教育を受けることができる。日本のように両親の国籍によるのではなく、米国で生まれたことを基準とする「出生地主義」を採っているためだ。

「中国旅行ビザ」を取得すれば、中国に戻ることもできる。2年に一度、ビザ更新のため、米国に戻りさえすれば、米国籍を持ち続けたまま中国で暮らすこともできる。満18歳になると、米国籍か両親の出身国の国籍かを自由に選ぶことになる。満21歳になれば、家族や親族を米国に呼び寄せて移民申請もできる。

中国籍の第1子がいても、第2子が米国籍ならば、「一人っ子政策」には抵触しないことになる。まさに法の網をくぐる出産だ。リスクはないのだろうか。

「実は私のいる部隊のほかの仲間もこっそりとやっているわ。除隊して一家で米国に移民した同僚もいるの。私もいざとなったら移民できるように、生まれた子には米国籍を取らせたのよ」

驚いた。

国を守るべきはずの軍人が、危機に備えて一家で海外脱出を考えているとは。しかも自国の最大のライバルであり、〝仮想敵国〟でもある米国にわざわざ出向いて子どもを産んでいるのだ。

具体的にどうやって米国で出産するのだろうか。彼女の話を聞いた。

「まず米国に6カ月間滞在できる観光ビザを申請したの。出産予定日の3カ月前に米国に行ったわ。安定期に入っているので、長距離のフライトでも問題ないのよ。最近、出産目的で入国する中国人妊婦が増えているから、入国審査が厳しくなっているようで、臨月ぎりぎりだと入国拒否される人も結構いるみたい。私は幸いおなかが小さかったので、ばれなかったけど。こうした手続きや生活などの面倒なことは、すべて『月子中心』に任せたわ」

日本人にはなじみの薄いこの「月子」について説明しよう。

中国大陸では、女性は出産後しばらく、体調を整えるために休養をとる習慣がある。「坐《ズオ》月子《ユエズ》」とも呼ばれ、「1カ月間じっと座っている」という意味だ。産後は、「入浴、洗髪をする」「冷たい外気に当たる」「運動をする」ことなどが良くないこととされ、産後の女性を休ませ、家族が家事や子どもの世話をする習慣だ。

核家族化が進む現代では、産後の面倒を見る家族が少なくなったことから、代わりに専用の宿泊施設「月子中心」が設けられるようになった。資格を持ったスタッフが食べ物を提供し、赤ちゃんの世話もしてくれる、いわば産後ケアセンターである。

米国内でも、中国人や中国系アメリカ人が２０１０年ごろから、中国人向けの施設をつくるようになった。全米産後ケアサービス協会によると、13年、確認されているだけでも約５００社あり、利用した中国人妊婦は２万人に上る。

華人が集まる西海岸のロサンゼルスやサンフランシスコに多い。確認できていない人を含めたら、実際の人数はさらに膨らむだろう。決して安くはない費用にもかかわらず、これだけの中国人妊婦がわざわざ渡米して子どもを産んでいるのは驚きだ。

中国人が殺到する「月子中心」をこの目で確かめたくなった。この女性が出産した米ロサンゼルスの施設に向かった。

「月子中心」の立ち退き運動

ロサンゼルス市中心部から東へ40分ほど高速道路を走ると、高層ビルに遮られていた視界が一気に開け、地平線が盛り上がったような小高い丘に囲まれた地域に抜けた。白やクリーム、ピンクなどのカラフルな屋根がきれいに並んで頂上まで続いている。

目的地、ローランドハイツの出口を下りた。道路脇の店の看板を見て、驚いた。

「中国超市（スーパーマーケット）」「加油站（ガソリンスタンド）」「四川餐厅（レストラン）」……。中国語がやたらと目に付く。

車の窓を開けると、唐辛子や香辛料を混ぜたような独特な臭いがしてきた。中国の街中で嗅いだのと同じだ。通りを行き交う人々はアジア系が多く、白人や黒人は数えるほどしかいない。

ローランドハイツは元々、養豚業が盛んな片田舎だった。90年代に入り、台湾や韓国の移民がロサンゼルス中心部から移り住むようになった。しだいにアジア系スーパーや中華レストランが整備されてくると、中国系が急増。約5万人の人口の3割を占めるまでになった。

市街地から少し離れると、閑静な住宅街が見えてきた。カーナビは目的地近くを示している。

赤信号で止まっていると、横断歩道を十数人の女性が横切った。買い物袋を持った両手で、大きなおなかを抱えるようにゆっくり歩いている。中国語で談笑していた。

「月子中心」の妊婦だ——。慌てて車を路肩にとめ、後を追いかけた。すると、女性たちは建物の敷地の入り口にある鉄扉を開け、中に入ってしまった。

敷地の周りは2メートルを超える塀に囲まれている。中には南国を思わせる濃緑の樹木が生い茂っている。明るいクリーム色の2階建ての建物が10棟立ち並び、外からはプールも見

著者撮影

ローランドハイツの中心街には、
中国語の看板が立ち並ぶ

える。

知人の中国人女性が教えてくれた「月子中心」の番号に電話すると、中国語で返事が返ってきた。北京なまりの中年女性とおぼしき声だ。

私は身分を名乗って、取材を申し込もうとすると、

「最近、地元当局の取り締まりがとても厳しいから、取材を受けることはできません」

と断られ、電話を切られた。メディアに対して神経質になっているようだ。ある程度予想はしていた。なぜなら最近、急増する「月子中心」に対する地元住民の反発が強まっているからだ。

米国には元々、産後ケアセンターがなかったため、監督する法令が整備されておらず、住宅地のど真ん中に次々と建設されていった。「赤ん坊の声がうるさい」「ゴミの処理が悪い」。各地で地元住民による苦情が相次いでいる。抗議運動に発展し、閉鎖に追い込まれた所も出てきた。

例えばロサンゼルス東部のチノヒルズでは12年末、「月子中心」の立ち退きを求め、100人近い市民が「違法ビジネスは出て行け」「出産目当ての観光はお断り」と訴えるデモを行った。地元当局は閉鎖命令を出した。

こうしたトラブルを受け、ロサンゼルス市政府は一斉取り締まりに乗り出した。一般の民家に宿泊させることを「違法経営」とみなし、85件を摘発した。そのうち24件については建物の違法改造や衛生法に違反するものとして、営業停止・閉鎖の処分とした。

何とか敷地の中を見たいと思い、再び同じ番号に電話をしたが、断られた。門の鉄扉はオートロックになっている。大柄で筋肉質の白人の守衛が目を光らせており、近づくことすらできない。

軽く2万平方メートルはある敷地の周りをうろうろした。

日は赤く染まり傾き始めている。中からは楽しそうに談笑する中国語が聞こえる。どこからか漂ってくるごま油を炒めた香りが食欲をそそる。途方に暮れていると、強烈な異臭が鼻を刺した。

「臭豆腐《チョウドウフ》」だ。豆腐に納豆菌などを加えて発酵させた中華料理の一つ。独特なアンモニア臭がするが、口に入れると、ブルーチーズのような濃厚な味が広がる。

臭いに誘われて歩くと、台湾料理屋にたどり着いた。

そこで思わぬ会話を耳にした。

れんがで囲まれた愛人村

「週末、ビバリーヒルズのグッチがセールをするから一緒に行かない?」

「ごめん、『老公《ラオゴン》』が北京から帰ってくるから、家から出られないの」

「うちのは1年以上帰ってきてないわ」

「うらやましい、自由でいいじゃないの」

店の奥のテーブルを囲んで、女性5人が南方なまりの中国語で話をしていた。「老公」とは本来、中国語で高齢の男性を意味していたが、最近では「旦那」や「彼氏」を呼ぶ際に使われている。中国で離れて暮らしている夫か彼のことを話しているのだろう。

5人とも20代に見え、色白で整った顔立ちをしている。身につけている物は高級ブランド服。傍らにもブランドもののハンドバッグを置いている。

早口でしゃべりながら、肉の串焼きや牛肉ラーメンを次々と平らげている。しょうゆで煮込んだ鶏の足や豚足を器用に歯でそぎ落として食べる姿は、北京の繁華街にある屋台街で見た光景と同じだ。

食事を終えると、互いに抱き合って別れを告げ、それぞれ駐車場にとめていた車に乗り込んだ。ベンツとBMWがそれぞれ2台、もう一人は1千万円を超えるポルシェだ。

クラクションを互いに鳴らし合い、猛スピードで走り去ってしまった。

なぜ若い女性がみんな高級車に乗っているのだろうか。店に戻り、女性店員に尋ねた。

「みんな『二奶《アルナイ》村』の子たちよ。そうね、だいたい週に2、3回は来てくれるわね。ご飯を食べながら、買い物やエステの話をよくしているのを耳にするわ」

「二奶」とは、中国語で愛人のことを意味する。改めて店内を見渡すと、20代から30代前半の中国人女性が多い。女性店員は説明を続ける。

「彼女たちはあまり自分のことを話したがらないんだけど、相手は党や政府のお偉いさんや、お金持ちの社長さんが多い感じね。ふだんは中国にいて、年に1、2回彼女たちに会いに来るみたい。親と子ほど歳の離れた男と一緒に店に来ることもあるわねぇ。あんな若い娘たちなのに、この近くにある100万ドル（1億2千万円）はする別荘に住んでるのよ」

早速場所を教えてもらい、「愛人村」に向かった。市街地から街路樹が植えられた道路を20分ほど走らせると、高台に出た。丘全体を覆った森林の隙間から、街を一望できる。歩道を歩いていたアジア系の男性に道を尋ねると、村のことを知っていた。

「あんたも中国から物件を買いに来たのかい。最近多いんだよね」

と苦笑しながらも、道順を教えてくれた。

おかげですぐに見つけることができた。丘の頂上まで白壁の2階建ての豪邸が連なっている。「愛人村」の敷地は全体がれんが造りの壁に囲まれている。入り口は、鉄扉で閉ざされており、守衛が出入りする車を厳しくチェックしている。

「月子中心」と同じく、外界と遮断され、一般人は立ち入りできない。この秘密のベールが、中国の官僚らがこっそりと愛人を囲ったり子どもを産んだりするのに都合が良いのだろう。

それにしても、中に入れないのは困った。とりあえず、周辺を歩いて話を聞くことにした。地道な方法に見えるが、聞き込みは最も有効な手段であり、異国といえども手当たり次第話を聞くことで、ヒントを得たりスクープに結びついたりすることが少なくなかったからだ。
まず近くにある大手不動産会社の門をくぐった。

6億円を現金一括払い

「寝室4部屋　130万ドル（1億6千万円）」「寝室6部屋　150万ドル（1億8千万円）」……。

20畳はある受付の壁はスポットライトで照らされ、高級物件の写真が掲げられている。受付の女性に、「中国人による物件の購入状況について話を伺いたい」と伝えると、ローズマリーという名の、50歳ぐらいの女性が出てきた。私の身分を告げると、

「日本や中国から来たアジアのお客さんは大歓迎よ」

と愛想よく応じてくれた。矢継ぎ早に説明を始める。

「10～20年前は日本人が多かったけど、今では9割以上が中国大陸から来たお金持ちだわ。買い方も豪快なの。高い物件だと、500万ドル（6億円）は超えるし、平均でも150万ドル（1億8千万円）は下らないわね。しかもほとんどが現金で一括払いだから、私たちに

とってはありがたい上客なのよ」

中国の不動産バブルが太平洋を越えて米西海岸に押し寄せているように見えた。

中国の民間調査会社「胡潤百富」の調査では、13年に海外に移民した、もしくは移民申請している富裕層は64％に上った。それに伴って流出する資産は、４５００億ドル（54兆円）に達すると試算されている。これは日本の税収を超える額だ。

米コンサルタント会社も同様の試算をしている。「ベイン・アンド・カンパニー」などが13年に発表した「中国個人資産報告」によれば、中国の富裕層の約60％がすでに移民手続きを終えたか、近い将来予定している、と答えた。「移民を検討中」「子女が移民している」という回答を合わせると、約80％に達する。今後、さらに3倍増えると予測する統計もある。

これほどの高額物件をどんな中国人が買っているのだろうか。先ほどのローズマリーに尋ねた。

「ほとんどの中国人客が、中国系の仲介業者を使って買っているから、購入者の身元は私たちにはわからないわね。まあ、公にはできない身分なのでしょうけど……」

代わりに中国人客の仲介をしている地元の不動産屋を紹介してもらった。彼女の手書きの地図を頼りに車を走らせると、ローランドハイツの中心部に着いた。

「短期間で米国籍を入手」「米国永住権（グリーンカード）取得試験用の英語訓練」……。

乱立する雑居ビルには、中国語の看板が掲げられていた。法律事務所や不動産屋、旅行会社がやけに多いことに気づく。移民してくる中国人向けの商売なのだろう。

「裸官」の正体

目的地周辺に到着したが、古ぼけた平屋の雑居ビルしかない。その中で「足裏」と手書きの看板を出しているマッサージ店をのぞいた。

中国語の新聞を読んでいる中年の女性に不動産屋の場所を尋ねると、表情ひとつ変えずに隣を指さした。地味な看板で気づかなかったが、確かにそこにあった。

曇りガラスの引き戸を力いっぱい開けると、電気がついていない店内に30代とおぼしき中国系の女性がひまわりの種を食べている。取材の趣旨を伝えると、「老板《ラオバン》（社長の意味）」とけだるそうな声で店の奥に向かって叫んだ。しばらくすると、経営者の男性が出てきた。

年の頃60歳、一見すると無愛想のようだが、丁寧な標準語の中国語で応対してくれた。香港出身で、ロサンゼルスに店を構えて30年という。さっそく顧客について尋ねた。

「中国大陸からの客がほとんどだね。『裸官』が一番多いだろうなあ。6割はいるだろう。

愛人に管理させているのもいれば、家族ごと連れてきているのもいるし、いろいろだよ。いずれにしても賄賂や横領で得た黒い金ばかりだよ」

男性は苦笑しながら言った。

「裸官」とは、賄賂などの不正収入を得て、妻や子、資産を海外に移す党や政府、国有企業の幹部を指す。幹部だけが一人で中国内に残ることから名付けられた。

まさか顧客の過半数を占めるとは予想していなかった。

党の不祥事を監督する中央規律検査委員会の関係者が「裸官」の典型的な手口を教えてくれた。

①子女を留学させる。子女がいなかったり成人したりしている場合、愛人に永住権を取らせて移民させる場合も。
②妻が続いて出国。
③地下銀行などを使って目立たぬように資金を移動。
④幹部本人に身の危険が及んだら、家族や愛人が待つ外国に逃亡。

「裸官」の実態はつかみづらい。少し古いが、政府系シンクタンク、中国社会科学院の調査によると、２００８年までの10年間、海外へ逃亡した政府や国有企業の幹部は１万６千～１万８千人に上り、中国から流出した資産は８千億元（14兆４千万円）に達する。

中国当局は、幹部のパスポートを預かったり、海外資産を報告させる義務を課したりして、海外逃亡の防止を図っており、07年から12年の間に逃亡を試みた６２２０人の官僚を検挙している。しかし、偽造パスポートによる出国や地下銀行を使った海外送金など、いたちごっこが続いている。

この経営者の男性はさらに付け加える。

「特に13年に入ってから、すごく増えているね。共産党が『腐敗撲滅キャンペーン』を始めたからじゃないかな。完全に潔白な官僚なんていているわけがないから、みんな『明日は我が身』と心から恐れているんだろうよ」

「入国審査の時にばれないか、すごく緊張した」

「月子中心」も「愛人村」も、外界との交流を絶つような高い塀が敷地を取り囲んでいる。

ゲートでは、守衛が24時間監視しており、部外者は立ち入ることができない。中国内の軍の関連施設を思わせるような警戒ぶりだ。

だが、秘密のベールに包まれているからこそ、その中をのぞいてみたくなるのが記者の心情というものである。

不動産屋を出て、特にあてもなく「月子中心」の周辺を歩いていると、中国人カップルに声をかけられた。

「すみません。この近くにある月子中心を知りませんか」

北京から来たという20代の夫婦だ。妊娠中の妻が、ここでの出産を考えており、下見に来たのだそうだ。

この夫妻と一緒なら敷地の中に入れる——。舞い降りてきたチャンスに胸が小躍りした。二人に月子中心まで案内するついでに、同行できないか頼んでみた。私の身元を明かし、事情を説明すると、快諾してくれた。

夫妻が月子中心の管理者に電話で連絡すると、固く閉ざされていた鉄扉が開いた。先ほどまでこちらににらみをきかせていた守衛が、笑顔で迎え入れてくれた。

街路樹を通り抜けると、プールを取り囲むようにコテージが立ち並んでいた。2階建てで各部屋には木のデッキとベランダが付いている。プールにはビーチパラソルが立っており、親子が水遊びをしている。リゾートホテルさながらのたたずまいだ。

ただ一つだけ不自然な点があった。行き交う住民のほとんどが、おなかの大きい女性で、しかもアジア系ばかりだ。耳に入ってくる言葉も中国語ばかり。米国にいることを忘れ、中国のリゾート地にいるような錯覚に陥る。

ウエンディーと名乗る中国人女性スタッフが、敷地内を案内してくれた。北京出身の40代で、この月子中心を管理しているのだそうだ。最初は、不審そうに私のことをじろじろと眺めていたが、夫妻がうまく取り繕ってくれたおかげで、身元がばれずに済んだ。

ウエンディーが施設の説明を始めた。

「部屋は全部で208室あり、二人で1部屋を使うの。利用者のほとんどが中国大陸から来た女性だわ。出産まで3カ月間滞在する人がほとんどね。毎月の利用料は4800ドル（58万円）で、3食の食事やショッピングセンターまで毎日送迎する費用も含まれているからお得でしょ。出産費や航空費を含めた総額は5万ドル（600万円）ぐらいかしら。プライベートの運転手やコック、秘書も付いた40万ドル（4800万円）のVIPコースも用意しているのよ」

中国都市部でも1万ドル（120万円）前後の中国人の平均年収を考えると、決して安いとは言えない。にもかかわらず、数カ月先まで予約がいっぱいなほど盛況なのだそうだ。

最初に、妊婦たちが利用する食堂を案内してくれた。12畳ほどの部屋にテーブルといすが並べられている。病院の食堂のような造りだ。

奥のキッチンから、豚肉を煮込んだ濃厚な香りと唐辛子を炒めた鼻を刺す臭いが漂ってくる。一人の小柄な中国人男性が立っている。左手で中華鍋を大きく振るたびに、細かく刻まれたジャガイモが、燃えさかる炎の上を跳ねるように宙に舞う。

手技に見とれていると、ウェンディーが、

「うちの夫は、料理が上手なの」

と、私たちに自慢げに言った。

「私が施設の管理と妊婦の世話をし、夫が料理を担当しているの。運転手と家政婦を現地で雇っているほかは、私たちだけですべて運営しているのよ」

満室ならば利用料だけで月の売り上げが2億円超になる計算だ。

続けて私たちを部屋に案内してくれた。8畳ほどのリビングには、テレビとテーブル、ソファが置かれており、シャワーとトイレもある。奥には2つの寝室があり、二人の妊婦がそれぞれ1室を使う形式となっている。寝室にはシングルベッドが1台あるだけ。小ぎれいにはしているが、外観の豪華さと比べると、質素な印象を受けた。

この部屋に滞在している上海から来た20代後半の女性に話を聞くことができた。ショートカットで小柄だが、黒のマタニティードレスは生地がはち切れそうなほどふくらんでいる。

「入国審査の時にばれないか、すごく緊張したのを覚えてるわ。あれは妊娠5カ月目の頃。もうおなかがふっくらとしていましたから。出産後も含めて合わせて6カ月ほどここで暮らす予定で、費用はだいたい10万ドル（1200万円）。中国の高級な病院で産むことを考えれば安いものよ。ここは空気も気候も上海とは比べものにならないほどいいし、食べ物もおいしいわ。困るのは、ついつい買い物し過ぎてお金を使い過ぎちゃうことぐらいかしら。あなたたちもここで産むことを勧めるわよ」

この女性は満足そうに語り、夫妻にしきりにここで産むように勧めていた。確かに中国で大気や食品の汚染を心配しながら出産するよりは、はるかに条件は良さそうだ。

饒舌《じょうぜつ》に話していた彼女だったが、私が夫の話題を振ると表情を曇らせ、言葉数が少なくなった。

「彼が子どもに米国籍を取らせた方が大学入試や仕事探しに有利だ、というのでここで産むことにしたの。でもね、彼は仕事が忙しくて中国を離れることができないの。出産に立ち会ってくれないみたいだから、心細いわ」

聞いてはいけない質問をしてしまったのだろう。気まずい空気が流れた。中国語で妻が夫を呼ぶときは、「丈夫《チャンフー》」とか「老公《ラオゴン》」という言葉を使う。彼女はこれらの単語は使わず、彼を意味する「他《ター》」を連呼していた。

部屋を後にすると、ウェンディーが私たちにささやいた。

「彼女は、正妻じゃなくて愛人なの。相手は、だいぶ年上の地方政府の役人みたいだけど、詳しくは教えてくれなかったわ。大きな声じゃ言えないけど、ここには彼女に限らず、政府や国有企業の偉い人の愛人が結構いるのよ」

確かに敷地内で見かける女性は、20代から30代前半の容姿がいい女性がほとんどだ。

「正妻だと、二人目以上の子どもを産む目的でここを訪れている人が多いみたいね。詳しくはわからないけれど、愛人だと〝夫〟が財産を隠したり米国に脱出したりするために囲われている子が多いみたいよ」

愛人に子どもを産ませて米国籍を取らせた上で資産を移し、最後は本人も移民する「裸官」の典型例だ。

やはり現場に足を踏み入れることは、物事の本質を見る上では欠かせない。「裸官」の違法性うんぬんはもとより、さらに切実な、異国で夫の暮らしぶりに思いをはせる妻や愛人たちの「悲哀」のようなものまでうかがい知ることができた。

話をしているうちに先に紹介した「裸官」たちが囲っている愛人が集まる高級住宅街、通称「二奶村《アルナイ》」にも潜入したくなった。一緒に見学してもらえないだろうか。甘えついでにこの中国人夫妻に話をしたら、興味を持ってくれたようで、快諾してくれた。

管理する不動産会社に電話をし、見学する予約をとりつけた。怪しまれないように、乗っていたカローラをレンタカー会社に返却し、米国製の高級オープンカーに乗り換えた。

私は運転手に扮し、夫妻を後部座席に乗せ、再び「愛人村」を目指し、アクセルを踏み込んだ。

いつ会えるかわからない主人を待ち続ける

月子中心から車を走らせること20分。再び、丘の頂上部分を覆うように建っている薄いクリーム色の豪邸群が見えてきた。街全域から見ることができる高台にそびえ立っており、遠くからでも一目でわかるほどの豪華な造りだ。俳優や富豪の住居が集まるハリウッドの街並みを思わせる。

正面玄関に到着すると、守衛室からメキシコ系と思われる男性が出てきた。見学の約束を取り付けていることを告げると、

「すみません。不動産会社の担当者は急用で来られなくなったので、どうぞ自由に敷地の中

を見てもらって構いませんよ」

守衛はそう言って、手動でゲートを開けてくれた。敷地内の写真を撮ったり、愛人たちに話を聞いたりするには、むしろ好都合だ。高鳴る胸の鼓動を抑えながら、守衛に礼を言うと、ゲートをゆっくりとくぐった。頂が見えないほどの急な上り坂でアクセルを踏み込むと、エンジンの回転数は６千回転まで上がった。

対向車線に目をやると、高級車が猛スピードで過ぎ去って行った。フェラーリ、ベンツ、ＢＭＷのほか、見たことのないブランドのロゴを付けたスポーツカーも走っている。しかも、ほとんどが若いアジア系の女性が一人で運転している。白人や家族連れはほとんど見かけない。明らかに不自然な光景と言えた。

４車線ある目抜き通りは、丘のてっぺんまで続いている。枝分かれして丘陵をはうように道路が続いており、両脇には淡いクリーム色の外壁に赤い瓦の屋根を施した2階建ての豪邸が１００軒ほど並んでいる。坂を登るにつれ、各豪邸の敷地は広くなっていく。

ローランドハイツ市を一望できる頂上にある邸宅の庭にはプールがあり、30代ぐらいのアジア系の女性がホースで水を入れているのが見える。

一角に車をとめ、敷地内を歩いた。通りの両脇には、濃緑の葉先がきれいにそろえられたヤシの木が等間隔で植えられている。各家の前には、高級車が並んでおり、ベランダや庭は、赤やピンクの花や動物の置物で彩られている。

その中で、飾り気がほとんどない家がいくつかあることに気づいた。装飾されておらずカーテンは閉められたままで、人気も感じられない。

よく見ると、そうした家は敷地の中で10軒以上はある。空き家なのだろうか。そのうちの一軒の隣家の庭で、花に水をやっている女性に尋ねた。

「あの家は、中国大陸から来た二奶《アルナイ》が住んでいるの。外出することはほとんどないけれど、週末には買い物に出かけているみたいよ。お手伝いさんと二人で暮らしているようね。ご主人が帰ってくるのは、半年か1年に一度ぐらいかしら。彼女たちと顔を合わせてもあいさつもしないし、なんか不気味だわ」

この女性は、台湾出身の40歳。1997年にこの地に移住してきたのだそうだ。

「私たちがここに来た時と比べて、家の値段は2倍以上に上がったの。10年ほど前から中国大陸からの移民が増えたからよ。一人で住んでいる愛人は結構いて、私が知っているだけでも、十数軒はあるかしら。このあたりの人たちは、ここが中国の愛人村だと知っているから、白い目で見られているのが嫌だわ」

女性は顔を曇らせる。不動産価格が上がることは、住民にとって悪いことではない。ただ、近所づきあいをほとんどせず素性がよくわからない愛人たちとの間の溝は深そうだ。

著者撮影

遂に「愛人村」への潜入を果たした

近隣住民さえわからない彼女たちは、どんな思いでここで暮らしているのだろうか。肉声を聞くため、一緒にきた中国人夫妻とはここで別れた。

この家の前で待ち伏せをして、外出するのを待った。

2時間が過ぎたころ、純白のガレージの扉がゆっくりと上がり、黒のベンツのワゴンが現れた。運転席には、色白で長い黒髪の女性がいる。20代後半ぐらいだろうか。私は車の行く手を阻むように飛び出して声をかけた。

女性はこちらをちらっと見ると、拒むように手を横に振り、猛スピードで立ち去った。私も駐車していた車に乗り込み、後を追う。車の合間を滑るように小刻みに車線を行き来する。アクション映画さながらのカーチェイスだ。

上り坂に差し掛かると、女性は一気にアクセルを踏み込んだ。馬力の差が出た。女性の車は小さくなり、坂道を登り切ったところで姿を見失った。

その後、同じ方法で何度も敷地内に住む中国人女性に声をかけた。だが、いずれも取り付く島もなく取材を拒否された。何かにおびえるように、顔を隠して逃げられることがほとんどだった。

その異常なまでの警戒ぶりを見ていると、「愛人」という非道徳的な立場だけではなく、マネーロンダリング（資金洗浄）などの不正行為にかかわっているという負い目のようなものを感じずにはいられない。

直接取材を諦め、敷地内を再び歩いた。隣のブロックで、内装工事をしている家があった。作業をしている台湾出身という業者の男性に声をかけてみた。

「この家は、北京から来た役人が１５０万ドル（1億8千万円）で買ったんだ。プールが付いた広い物件だと、２００万ドル（2億4千万円）以上するぞ。この一帯のほとんどの内装を請け負っているけれど、客の7割以上を占める中国大陸の出身者が、高級物件を買い占めている。中国人の愛人が一人で暮らしている家は、俺が知っているだけでも10軒はあるんじゃないかな」

全戸の約1割に、中国人の官僚や富豪に囲われている愛人が住んでいる計算だ。

この男性にお願いして、この家の中を見せてもらうことにした。玄関を入ると、軽く20畳はあるリビングが広がっている。奥には大理石が敷きつめられた浴室がある。洋館を思わせるらせん階段を上がると、四つの寝室がある。ランニングマシンやバーベルが備えられたトレーニングルームまで完備されている。内装業者の男性は続ける。

「女性が一人で暮らすには広すぎるだろ。愛人たちはほとんど英語ができないんだ。外出しても買い物するぐらいで、退屈な生活を送っているんじゃないか。いつ会えるかもわからない主人をひたすら待ち続けているわけだから、かわいそうな人たちだ」

北京特派員時代に、愛人を抱えているという中国の中堅官僚から聞いた話を思い出した。

「みんな知人の紹介のほか、高級クラブの女性から愛人を見つけることが多いようだね。『私設秘書』と称して、会食などに連れ回すことが少なくないから、知識や学歴よりも、若さと容姿が特に大事なんだよ。いい愛人を連れていることが、権力やステータスの象徴でもあるんだ」

確かに「愛人村」で見かけた中国人女性は20代が中心で、ほぼ例外なくモデルのようなスタイルと美貌《びぼう》を兼ね備えている。ただ、クラブなどで働く水商売の女性は、農村出身者が少

著者撮影

中華料理屋の店内には中国語が飛び交っていた

なくなく、英語や学問とは縁遠い人生を送ってきている場合が多い。

たとえ豪邸に住むことができても、半ば自由を奪われた状態で、故郷から遠く離れた言葉もわからない米国で一人暮らすことは本当に幸せなのだろうか。

「愛人村」を後にし、彼女たちがよく足を運ぶという近くの火鍋屋に入った。

唐辛子と山椒、羊肉のにおいで充満した店内は、大声の中国語が飛び交っている。若い中国人女性のグループ客もいる。北京出身の40代の女性店員に話を聞いた。

「ここに来ている子たちの話を聞いていると、年をとってから捨てられる愛人も少なくないみたいね。仕送りでは足りなくて金に困って、内緒で売春をしている子もいるって話よ。でもね、彼女たちと話していても、悲愴感みたいなものはあんまり感じないの。英語やビジネスを学んで自分で会社をつくったり、現地の米国人男性と結婚して幸せになったりした子もいる。まあ、中国の貧しい農村に暮らしているよりは、幸せなんじゃないかしら」

農村出身者の女性が、海外に出ることは簡単なことではない。愛人になることは、米国に永住するためのパスポートのようなものなのかもしれない。たくましくもしたたかに異国の地でシンデレラストーリーを楽しんでいる一面を垣間見た気がする。

裸官たちは、米国の「人質」

「愛人村」や「月子中心」を見ていると、ロサンゼルスがそのうち中国人に占拠されるのでは、とさえ思えてくる。一定額を投資すれば永住権が得られる投資移民制度を利用する人が多い。2013年には、中国人がそのうち80％を占め、約8万人が米国永住権を取得した。

受け入れる米国側の思いは複雑だ。増え続ける中国人愛人や妊婦らと、地元住民との摩擦は深刻化している。一方で、地元政府にとっては、裕福な彼女たちが高価な買い物をすることで地元経済が潤い、地価が上がれば固定資産税収入も増える。本気で取り締まることができないのはそのためだ。

対中政策にかかわったことがある元国務省当局者は、さらに別の側面を指摘する。

「中国の政府や共産党の幹部の金が流れ込めば、米国の経済成長に貢献するだけではなく、幹部たちの資産状況や家族構成も把握しやすくなります。中国軍の強硬派はよく『核ミサイルでロサンゼルスを火の海にできる』と豪語していますが、これだけ自分たちの親族や資産を抱えていて、本当にできるのでしょうか」

「裸官」たちをいわば「人質」にとり、対中関係を優位に進めようとする米国側のしたたかな思惑が透けて見える。

一方、中国当局も手をこまねいているわけではない。14年7月から、相手国の国民が自国内の金融機関に口座を持つ場合、その情報を互いに開示することで米国政府と合意した。これで、中国当局が米国内に住む中国人の口座情報を得ることができるようになり、「裸官」の取り締まりが進む可能性がある。

実際、15年3月3日、ローランドハイツの月子中心に、米国当局の大規模な捜査が入った。米当局は今後、ビザの不正取得やマネーロンダリングなどの実態解明を進めるという。

それでも、太平洋を越えてくる中国人の波は止まりそうもない。

冒頭で紹介した米国で出産した中国の現役軍人の夫は、複雑な気持ちを吐露する。

「軍人は入隊した時から、米国は『仮想敵国』とたたき込まれていて、今でも憎い気持ちは忘れていない。でも、とどまるところを知らない中国の汚職や不平等な教育制度、大気汚染、食の安全なんかを考えると、かわいい子どもを米国で育てたいという気持ちを抑えられないのが、親心ってもんだろう。どんなに取り締まられても、米国という『楽園』を目指す流れは止まらないだろう」

トラもハエもたたく――。

12年11月の第18回共産党大会で、党最高指導者の総書記に就いた習近平は、刺激的なスローガンを掲げ、汚職摘発に乗り出した。どんなに高い身分の高官でも、徹底的に追及するという強い意志が込められている。

13年、汚職などの規律違反で処分された党員は18万2千人に上り、前年より1割以上増えた。これまでに例のない規模で高い地位の高官が対象となっている。

公安省次官、中国農業銀行元副頭取、四川省元副省長……。毎月のペースで、中央の次官級や地方の副省長級以上といった幹部が免職となっている。

昨日まで権力や金をほしいままにしていた高官たちが、一夜にして罪人の汚名を着せられ、厳しい追及を受ける。仕えてきた上司が失脚すれば、「連座制」が適用され、いもづる式に部下も処分される。

そんな彼らがすがる安息の地が、皮肉にも安全保障や経済でにらみあう最大のライバル、米国だ。冒頭の軍人夫婦や、高級物件を買いあさる「裸官」にとって、最も頼りにできる「保険」なのだ。争うように米国の永住権や国籍を求め、1年間で中規模国の国家予算に相当する富が流出している。日本人の感覚からすれば、中国という国が溶け出していずれなくなってしまうのでは、と思えてくる。

中国では共産党や政府の役人たちに限らず、その子どもたちも勉学のために太平洋を渡っている。米国の大学は、紅い貴族の子女たちであふれている。

あの最高権力者も例外ではない。習近平、その人である。

第二章

習近平の一人娘を探せ

著者撮影

習近平の娘を見つけるべく、ハーバード大学の卒業式に潜入

「ハーバードにありがとうと言いたい」

米東海岸のマサチューセッツ州、チャールズ川を挟んだボストン市の対岸にあるケンブリッジ市は、米国最古の街の一つだ。人口10万人ほどの街にハーバード大やマサチューセッツ工科大学（ＭＩＴ）などの名門大のキャンパスが、敷地を奪い合うように点在している。

２０１４年４月18日夜、ハーバード大のキャンパスに隣接するチャールズ川沿いのホテルの宴会場は、異様な人いきれと熱気に包まれていた。タキシードや華やかなドレスで着飾った学生が集まった。ほとんどが20歳前後で、ファッションモデルさながらにポーズを決め、スマートフォンで撮影し合っている。

どこにでもある大学生のパーティーのように見えるが、一つだけ異なる点がある。参加者が全員、中国人もしくは中国系米国人だ。交わされている言葉も中国語だった。

ハーバード大の中国人学生らが企画した「ハーバード・チャイナ・フォーラム」の開幕式だ。参加費が１００ドル（約１万２千円）するのに、会場に用意された約７００の座席では足りず、立ち見が出るほどの盛況となった。主賓として参加したオーストラリア元首相のケビン・ラッドが、流暢《りゅうちょう》な中国語であいさつし、中国大手企業の経営者らが講演をした。

ハーバードに「中国人の、中国人による、中国人のための」空間が現れたようだ。

これだけの規模の会を催せるのも、圧倒的な数の中国人学生や研究員がいるからこそだ。約4千人いる留学生のうち、中国大陸からの学生はその1割にあたる400人ほど。年によって変動はあるが、最多か2番目にランクインする。日本人は、100人前後で頭打ちである。さらに、非常勤の客員研究員を加えると、中国人は約1100人に膨れあがる。

中国人を魅了しているのは、何と言ってもハーバードの持つ知名度の高さだ。英語が全く話せず外国に行ったことがない地方の農民でも、ハーバードの名前は知っている。その知名度の高さは、オックスフォード大やマサチューセッツ工科大などの他の名門大とは比べものにならない。ハーバードは中国人にとって、あこがれの一流大学の代名詞となっている。

集まる人材も、優秀かつ多彩だ。中国のセンター試験にあたる「高等教育入学考試」でトップだったり、北京大や清華大などの名門大を辞退してまで学びに来る学生がいる。

ハーバードに集まるのは、学生だけではない。政府や党の若手官僚も受け入れている。法律や行政管理から経済学まで研修させる。研修期間は数カ月から1年間がほとんどだ。いずれも巧みに英語を操る切れ者ぞろいで、将来の幹部候補生たちばかりだ。

習近平指導部でも、こうしたハーバード出身者が主要ポストを務めている。国家副主席の李源潮《リーユエンチアオ》のほか、各省の書記などの主要ポストにハーバード研修組が名を連ねている。習氏の経済ブレーンとされ、経済改革をするために設けられた中央財経指導小組《しょうそ》弁公室の主任になった劉鶴《リウホー》は、ＭＢＡ（経営学修士）を取得した。

ハーバードでの成果が、実際の政策決定にも反映されている。李源潮が米国から帰国直後の02年9月、市トップの書記を務めていた南京市で、集団中毒死事件が起こった。飲食店の料理に毒物が混入され、42人が死亡した。このとき李は、米国式の危機管理を応用し、被害者を最小限に食い止め、事件を早期に解決することができたという。

「ここで学んだことが役立ちました。２００人の命を救い、容疑者も36時間以内に拘束することができたのです。ハーバードにありがとうと言いたいです」

09年にハーバードで凱旋《がいせん》講演した李は、謝意を述べている。

ハーバードにいる中国人の中で官僚とならんで目立つのが、共産党や政府、軍の高官の子女たちだ。

ふだん何げなく勉強会で隣に座っている中国人大学院生の父親が、実は著名な中国軍の将軍だ、と打ち明けられたこともあった。中国政治に詳しいハーバード大の教授が、学内でささやかれているこんな小話を披露してくれた。

「ハーバード大学が、父親が必ず出席しなければならない保護者会を開いたら、中国共産党の政治局会議が開催できなくなった」

あながち大げさなジョークではない。それだけ多くの高官の子女たちがいるのだろう。

私は、中国関連のセミナーや勉強会のほか、大学内の中国人学生会にもよく顔を出し、議論してきた。出会った幹部本人やその子女の数は、50人は下らない。

しかし、どれだけ探し回っても見つからない人物が一人だけいた。

米紙が探し求めた「幻の一人娘」

「ハーバードに習近平国家主席の長女が在籍しているらしい」。大学内の都市伝説のように、学生や教員の間でささやかれたうわさ話だ。米国や香港などのメディアも「留学しているらしい」という伝聞形で報じていた。

名前は、習明沢《シーミンザー》。1992年、有名歌手である妻の彭麗媛《ポンリーユエン》との間に生まれた。明沢とは「清く正しく生きるように」と願って名付けられた。

幼いころ一家で写った写真が公開されているだけで、経歴や近影はベールに包まれている。

香港紙などによると、杭州外国語学校、浙江大学外国語学院で英語を学んだ後、ハーバード大に留学している、と伝えられていた。

中国内でも、表舞台に姿を見せない彼女は注目の的となっている。2014年3月にオバマ大統領夫人のミシェルが子どもたちを連れて中国を訪れた際、「習主席の娘が初登場して家族同士が交流するのでは」「得意の英語を生かして外交の場で活躍してほしい」などと、中国のネットユーザーらが話題にした。

ネット上には「習明沢の写真」と題される数多くの女性の画像が出回っている。各国メディアも注目しており、ニューヨーク・タイムズなどいくつかの米紙も、専従取材班をハーバードに送り込み、行方を追いかけたことがある、という話を聞いた。

しかし、本人に接触できたメディアはなく、誰も彼女のことを探し出すことができなかった。ハーバードにいることすらも、確認がとれなかった。

ベールに包まれるほど、真相を追い求めたくなるのが記者の性《さが》だ。中国政治を追いかけているジャーナリストとして、是が非でも接触したい、という衝動に駆られていた。

ただの興味本位からではない。

日本や米国のように政治家による記者会見が多くない中国では、高官の肉声を聞ける機会はほとんどない。会議後のぶら下がりはおろか、自宅に行って夜回りなどをしたら、即拘束されるのがオチだ。そもそも高官の自宅住所すらわからない。

閉鎖された中国共産党においては、中国高官の動静や考え方を知る上で、親族の証言は重要な手がかりになる。北京特派員時代も、高官の親族らから証言を集め、間接情報をパズルのように組み合わせながら、党の真相をおぼろげながら理解するようにしてきた。

13億人の大国の舵《かじ》取りをする最高指導者の思考や性格は、国の政策や方向性を分析する上で不可欠な要素だ。日常的に父親と言葉を交わしており、遺伝子も受け継いでいる子どもは、そうした父親のパーソナルな資質をうかがい知る上で、最も重要な取材対象ともいえる。

ところがキャンパスのどこを探しても彼女の足跡やうわさを見つけ出せない。ハーバードの同僚や教授らに尋ねても、誰も彼女を見た人はおらず、所属や学年すらもわからない。大学内部のシステムにアクセスして名前を検索してみたが、それらしいものはヒットしない。「父親が国家主席になった13年春ごろに帰国したようだ」と報じた香港や米国メディアもあった。そもそも本当に留学しているのかどうかも怪しくなってきた。

ほぼ諦めかけていた13年末、突破口となる重要情報がもたらされた。

プリンセスのお忍びキャンパスライフ

「彼女はまだ大学に残っています。２０１０年５月にハーバードに入学し、今は４年生で、心理学を専攻しています。偽名を使っているので、ほとんどの教員や生徒は彼女のことを知りません。ただ、数人の同級生と中国人留学生だけが彼女の身元を知って付き合っており、このうちの一人が私に教えてくれました。その後私も何度か彼女を見かけましたが、母親にそっくりで、胸まで伸びた髪が印象的でした」

こう証言してくれたのは、中国政治を研究しているハーバード大学院生だ。彼は大学内の中国研究に携わる教授や中国人留学生のネットワークに深く食い込んでおり、何度か私に党高官の子女を紹介してくれた人物だ。

しかし、にわかには信じられなかった。この時点では、香港や米国のメディアの中で「習明沢はすでに帰国した」という情報が飛び交っていたからだ。

「確かに13年春ごろに党や軍の高官の子女たちがいっせいに帰国しています。大学に退学届を出さずに突然、姿を消した学生もいます。本国から帰国の指示が出ていたようです。しかし、彼女は帰りませんでした」

ちょうど習指導部が「腐敗撲滅キャンペーン」を本格化させたころだ。海外にいる子女たちが両親の汚職や不正送金にかかわっているケースが増えてきたことから、監視を強めていた。この大学院生は、彼女が最も親しくしているという中国人留学生から聞いた話を教えてくれた。

「彼女も両親から帰国するように促されたそうですが、『せっかく3年間ハーバードで学んで学問のおもしろさがわかってきたので、卒業させてほしい』と懇願し、1年間の延長を許されたそうです」

ハーバード大は入学よりも卒業することの方が難しい。宿題の量は、日本や中国の大学とは比べものにならないほど多く、1週間で1授業につき数百ページの教材を読み込み、長文のレポートを提出しなければならない。学位の持つ重みは他の大学の比ではない。だからこそ彼女は親に抵抗してでも、卒業にこだわったのだろう。

早速、この研究生から紹介してもらった彼女の同級生数人に接触を試みた。口止めをされているのか、一様に口が重かった。

彼女が専攻している心理学の授業にも何度か潜り込み、それらしい人物を探した。だが、100人以上いる大教室だったため、見つけることができなかった。

同級生の女子学生の一人が打ち明けてくれた。

「同級生たちと一緒にカラオケに行ったことがあるの。彼女は気さくで明るい子だという印象があるわ。授業の合間に、中国のネット通販サイトで、本や服を探している姿をよく見かけたことがあるのよ。ほかの学生と同じく、寮で暮らしているみたいね」

だが、箝口令が敷かれているそうで、詳しいことは語りたがらなかった。

代わりに彼女と懇意にしているという別の同級生の女子学生を紹介してもらった。警戒されないよう、最初のうちはあえて彼女のことには触れずに大学の話や世間話をした。彼女との7回目の昼食の席でのことだ。キャンパス近くのタイ料理店で、食事をしながらさりげなく切り出した。

「習明沢さんと仲が良いそうですね」

この女子学生は一瞬、驚いた表情をすると、視線を落とし、注文したカレーを口にした。私たちの周りの空気だけが鉛のように重く感じられた。あえてこちらも声を発さなかった。3分ほど過ぎただろうか。女子学生の方が気まずい沈黙にいたたまれなくなったように口を開くと、彼女が学内で使っているという偽名を教えてくれた。

「大学にも偽名で登録しており、授業やテストでも使っているんです。彼女の本名を知っている人は、大学全体でも10人はいないでしょう。本人は両親のことを言いたがらないので、私たちからもあえて触れないようにしているんです。お母さんによく似た美人で、笑ったときの口元はそっくりだわ」

ようやく会うことができる――。腹の底からせり上がるような思いを殺しながら、無関心を装った。女子学生は私の心を見透かすように、

「でも一つお願いがあるの。彼女は大学での一番の親友なんです。卒業するまでは、そっと

しておいてあげてください」

と釘を刺すことも忘れなかった。

情報源との約束を守ることは、記者にとって絶対だ。本人にあたることはせず、ほかの同級生や大学当局者に接触し、住んでいる寮や身元を調べ上げておいた。

万全の準備を整え、彼女と自然な形で接近できる唯一無二の機会をひたすら待った。

最高学府の卒業式

その日は朝から街全体が祝賀ムードに包まれた。

長い冬の終わりを告げるような紺青の空が広がる。民家の軒先は、カラフルなテープやバルーンで彩られ、通りには横断幕やのぼりが掲げられている。

14年5月29日、ハーバード大学の卒業式が開かれた。今回で３６３回目。街を挙げて全米最古の大学の式典を祝う日だ。大学、大学院合わせて約７千人の卒業生と、旅立ちを祝うために全世界から集まった２万人を超える家族や政財界の要人が参列する。早朝から入場門には長蛇の列ができていた。整理券を持っている人しかキャンパス内に入ることができず、大学警察が厳しいセキュリティーチェックをしている。

正方形の帽子をかぶり、黒いガウンをまとった学生が至る所で家族と一緒に記念撮影をしている。「シャッターを押してください」と、3組の中国人家族から中国語で頼まれた。私が中国人だと思われたのだろう。親戚一同で子女の晴れ舞台を祝いに駆けつけたそうだ。

会場に設けられたステージ上の貴賓席には、ハーバード大ビジネススクールの卒業生、ジョージ・W・ブッシュ元大統領の姿も見える。米国を代表する女性ブルース歌手、アレサ・フランクリンによる国歌の弾き語りで幕を開けた。

米長者番付のベスト10にランキング入りしたことがあるマイケル・ブルームバーグ・元ニューヨーク市長が祝辞を述べた。世界最高学府の門出を祝うのにふさわしい華やかな舞台となった。

式が終わると、大学院生はそれぞれが所属するスクールの校舎へと散らばる。全寮制である学部生は、それぞれの「ハウス」と呼ばれる寮に戻り、そこで一人ひとりに学位が授与される。

キャンパスの周りに12のハウスがあり、専攻、学年、人種が違う学生が約400人ずつ生活している。ハウス内には食堂のほか、図書室、娯楽室、ジムなどが備えられている。専任の教員も同居しており、生活や学習の指導をしている。連日のように勉強会やパーティーが

著者撮影

習明沢も暮らしていたという「アダムスハウス」寮の一室

開かれており、それぞれの連帯意識が強い。

私は、そのうちの一つ「アダムスハウス」の授与式に参列した。チャールズ川に近く、れんが造りの重厚な建物だ。100年以上の歴史があり、元大統領のフランクリン・ルーズベルトやキッシンジャー元国務長官も、ここで同級生らと寝食を共にした。

このハーバード最古の寮に習明沢が住んでいる、という情報を手に入れた。この授与式が彼女に接触できる最後のチャンスだ。

歴史が刻まれた荘厳な造りではあるが、中をのぞくと必ずしも快適ではなさそうだ。4階建てだが、エレベーターはない。

引っ越しのときは寮生仲間と狭いらせん状の階段を上り下りして家財を運ぶのだそうだ。寮に住む男子学生は寮生活について語る。

「冷房がないので、夏は暑くて大変なんだ。建て付けも古いから、隣の部屋の音は筒抜け。でも、ケンブリッジは物価が高いので、安い家賃が魅力的だけどね」

部屋は6畳ほどの一人部屋で、家賃は食事を含めて毎月500ドル（6万円）ほど。周りのアパートと比べても破格の安さだ。

寮には卒業生と親族しか入ることができない。卒業式当日は、知り合いの大学当局者に手当たり次第あたり、潜り込む手はずをとりつけた。

3棟の寮に囲まれた中庭で、学位授与式が開かれた。周りの喧騒《けんそう》とは隔離された静かな時が流れていた。パイプいすに座った300人ほどの保護者らが、子女の晴れ舞台を見守った。壇上に並んだ167人の卒業生は一人ひとり名前を呼ばれると、寮長の前まで進み、卒業証書を手渡される。

全神経を耳に集中させ、彼女の名前が呼ばれるのを待った。気温は18度ほど。チャールズ川の面を洗うように吹いてくる涼しい風が心地よかったが、額からこぼれる汗がファインダーにたまっていった。

母親の面影そのまま

ファン、リー、マー、ウー……。米国人に交じって、中国名とおぼしき名前を持つ学生が少なくとも20人はいた。中国人もしくは中国系米国人なのだろう。日本人らしい名前はいなかった。

30人目が過ぎたころだ。卒業生が待っている舞台右袖から、ほかの学生の時にはなかったオーラを感じて、レンズの先を向けた。すっと背筋を伸ばし、ほほえみながら観覧席を見つめている女子学生が順番を待っていた。

肩まで伸びた長い黒髪、母親似の口元。彼女に違いないと確信し、シャッターボタンを押した。

司会者が呼んだ名前は、彼女の友人が教えてくれた偽名と一致した。

帽子の下から美しくこぼれ落ちた長い黒髪をなびかせ、手を前に組みながら、さっそうと壇上に歩み寄ってきた。寮長夫妻と握手を交わし、赤い背表紙の卒業証書を受け取った。はっきりとした目鼻立ちや、笑ったときに口元が少し下がる感じが、彼女の母親の面影そのままだ。国民的歌手の血を受け継いでいるのだろうか。場慣れしているように見えた。

約1年かけて探し続け、最後の最後にようやく巡り合えた。高鳴る心臓の音がはっきり自分で聞き取れた。興奮を抑え、カメラがぶれないように体を固定させながら、夢中でシャッターを切った。

彼女は席に戻ると、ほっと息をつくように隣の中国人留学生と言葉を交わした。待っている間、iPhone（アイフォーン）を鏡代わりに使いながら、髪形や帽子を直している。どこにでもいる女子学生といった感じだ。

ただ、身なりはむしろほかの同級生と比べて地味な印象を受けた。腕時計や指輪はしておらず、手にしている手提げバッグも赤いナイロン製のもので、ブランド物ではなさそうだ。ただ一つだけ、左手に翡翠《ひすい》のような薄緑色のブレスレットをしているのが見えた。中国では翡翠は古くから幸せがやって来て、災いを避けられる、と信じられており、身につける女性は少なくない。お守りとして両親からもらったのかもしれない。

習近平は総書記になって以来、党や政府の幹部に「浪費の禁止と節約」を指示している。妻の彭麗媛も外遊の際には、外国ブランドではなく、国産の衣装を身につけている。同じ服を着回すこともあるそうだ。娘として、両親の「倹約令」を忠実に守っているのだろう。

授与式が終わると、彼女は壇上から降りてきた。

私は彼女に近づいて「卒業おめでとう」と声をかけた。

著者撮影

運命の卒業式が訪れた

するとどこからともなく長身の中国人らしき二人の男性が駆け寄ってきて、行く手をふさがれた。参加者のように見えたが、ボディーガードなのかもしれない。

彼女は観覧席で待っていた親族とみられるグループのところまで歩み寄り、笑顔で抱き合い、花束を受け取った。近くにいた子どもと一緒に記念撮影に応じていた。確かに同級生たちの言う通り、気さくさがにじみ出ていた。

そんな様子を少し離れて見ている一人の女性に目がいった。グレー地に黒の細かい横ラインが入ったシックな色づかいのスーツが周囲の中でも際だっている。後ろに縛った長い髪をなびかせながら振り向くと、彭麗媛にそっくりな女性だった。

インターネットで調べてみると、彭の妹によく似ている。彭麗娟《ポンリーチュアン》という名で、過去に姉妹でテレビ出演し、歌を披露したことがある。当時の映像を確認すると、同一人物のようだ。卒業式に出席できない両親に代わって、叔母一家が駆けつけたのかもしれない。

しばらくすると、6人の一行は会場を後にした。

後をつけると、近くのタイ料理屋に入った。昼食を共にしたようだ。食事を終えると、近くに止めていたニューヨークナンバーの黒のワゴン車に乗り込み、その場を去った。学生は卒業式を終えると、退寮することになっており、彼女もこの日に寮を引き払ったのだろう。

後日、習明沢のことを知るごく少数のハーバード関係者や同級生に彼女の写真を見せた。確認をするためだ。

「彼女で間違いない」

全員が口をそろえた。

「政治家になるつもりはありません」

これまで口が重かった同級生たちでも、彼女の写真を指し示すと、観念したようにぽつりぽつりと話すようになった。おぼろげながら彼女の生活や暮らしぶりがわかってきた。

入学当初から彼女を知る同級生の男子学生は、

「授業が終わるとすぐに先に教室を出てしまい、いつも一人でいたね。夜中まで図書館で論文を書いている姿をよく見かけたなあ。当初はぎこちなかった英語も、ずいぶんと流暢になっていたよ」

と振り返る。

身元がばれないようにするため、ほかの学生とはあまり交流をしなかったのかもしれない。別の同級生の女子学生の証言。

「恋愛も許されていなかったようで、ボーイフレンドの話は聞いたことがありません。でも美人なので、男子学生には人気がありました。米国人同級生につきまとわれて、困ったこともあったようです」

最高峰の学府といえども、遊ぶときは日本の学生とそれほど変わりはない。週末になると、キャンパス周辺のバーは着飾った学生たちで満席になり、貸し切りのダンスパーティーも開かれる。彼女はほかの学生たちとは距離を置き、ひたすら勉強に打ち込んでいた様子がうかがえる。

しかし、ただそれだけの理由で、そこまで学業に専念できるものだろうか。そんな疑問とともに、彼女への関心が高まった。

詰将棋のように一人ひとり関係者に会って話を聞いていくと、彼女と頻繁に会っているという教員にたどり着くことができた。月1、2回、学生の質問や相談を個別に受けるオフィスアワーの時に会っている。匿名を条件に彼女とのやりとりを振り返ってもらった。

「彼女が3年生のころから、勉強だけではなく、生活面での相談も受けているの。明るく気さくで、礼儀が正しい学生だったわ。でも、プライベートのことになると多くを話したがらず、何かを隠している、と直感でわかったの。あるとき、『あなたの名前は中国では珍しいでしょ』と話を振ると、堰《せき》を切ったように自分の本当の身元と両親のことを私に語り始めたんです」

確かに彼女が使っている偽名の姓は、中国できわめて少ない。彼女から家族の話を直接聞いたという人物に会うのは初めてだった。

この教員の証言を元に、彼女の話を再現する。

小さい時から父親とは離れて暮らしており、母親と一緒にいることがほとんどでした。でも、母親も年中、コンサートや地方公演で飛び回っており留守がちでした。寂しさを紛らわせるため、母の歌をよく聴いていました。今でも好きな母の曲をダウンロードして持

ち歩いています。忙しい両親に代わって、叔母夫妻がいろいろと手助けをしてくれていま
す。

実は、両親は私の米国留学には賛成していませんでした。でも、どうしてもハーバード大学で心理学と英語を学びたかったので、両親の反対を押し切って渡米しました。大学卒業後は中国に戻って、心理学にかかわる仕事に携わるか、大学院で研究を続けたいと思っています。政治家になるつもりはありません。

両親ともに米国行きに反対していた、というのは意外だった。ほかの党高官と同じように習夫妻も娘の海外留学には積極的だと思っていたからだ。

しかしながら、多くの高官子女が国を捨てて多額の費用がかかる海外留学をすることに批判が高まっている中、党トップになろうとしていた習近平が、否定的な態度をとったのは理解できる。自身が掲げる「倹約令」とは相いれないと考えたのだろう。

にもかかわらず、その両親の意向にあらがい、留学に踏み切ったのだから、彼女は相当な強い意志の持ち主と言える。ほかの同級生らとは一線を画し、ひたすら勉学に励んでいたのも、背水の陣で国を飛び出したからなのだろう。

このエピソードを聞いて、「自分の意見や考えを強く持っており、それを押し通す強引さ

がある」と言われる習近平の性格が頭によぎった。父親の頑固さを彼女も譲り受けたのかもしれない。

同時に、党高官の父親と、国民的人気歌手を母に持つ娘の複雑な家庭環境と心境も読み取れる。地方勤務が長い習は、家族と別居が長かったと言われていたが、うわさ通りのようだ。卒業式に叔母夫妻が参列していたのも、忙しい親の代理だった。

同居している母親に会うこともままならず、歌を聴くことによってしか孤独を癒やせないのだから、一般人には想像ができない孤独感を味わっていたのだろう。「心理学を学びたい」というのも、どこか自身の心の隙間を埋めたかったのかもしれない。

彼女は最後まで身分を公に明かされることなく、4年間の大学生活を終え、卒業することができた。ブランド品など派手な装いを避け、ほかの学生に混じって慎ましい寮生活を送ったことで、成し得たのだ。

彼女が卒業後何をしているのか、はっきりとした情報はない。ただ、ハーバードで学んできた心理学を元に、どこかで引き続き勉強しているか、研修をしているのだろう。

ほとんどの大学当局や教授らは、彼女の本当の身分を知らないので、特別扱いを受けずに独力で勝ち得た学位と言っていい。その姿は、習仲勲《シーチョンシュン》という革命世代の功労者を父に持ちながらも、そのコネに頼ることなく地道に政務をこなし続けた習近平の生い立ちを彷彿とさせるものがある。

　ただ、彼女のようにお忍びで学業に励む子女は例外と言えた。その多くが、親の権威や資金をバックに優雅な生活を送っている。

華麗なる「紅三代カップル」

　習明沢とは対照的な子女がいる。明沢が父譲りの「目立たない実直さ」を持ち合わせていたとすれば、この子女が父の背中から学んだのは権力への欲望と言えるだろう。

　ハーバード大学の寮「アダムスハウス」から歩いて10分。目抜き通り沿いに明るいクリーム色の壁のモダンなマンションがある。7階建てで屋上には円窓のペントハウスがあり、周りの古いれんが造りの建物の中でひときわ存在感を放っている。家賃はワンルームでも月額約3千ドル（36万円）。ハーバードの寮の4～5倍はする。

　重慶市共産党委員会書記の薄熙来《ボーシーライ》の長男、薄瓜瓜《ボークワクワ》がここからハーバード大学の行政大学院、ケネディスクールに通っていた。薄熙来については後述するが、元副首相を務めた実力者を父に持つトップ25に入る政治局員のメンバーで、党トップの座を本気で狙ったこともある野心的な政治家である。

マンションの管理人の女性に当時の様子を尋ねた。

「彼のことはよく覚えてるわよ。ハンサムな丸い童顔で、女の子にもてていたみたいね。女友達と一緒に高級車で送られて、部屋に入っていくのを見かけたわ。まるで本物のプリンスね」

英語はネイティブ並みの実力だったそうだ。11歳で渡英し、パブリックスクールの名門ハロー校に入学。授業料だけで年間3万ポンド(約530万円)かかる「貴族学校」に、中国大陸出身者としては初めて入った。卒業後にオックスフォード大学に進み、政治哲学を学んだ。

だが、学業にはあまり熱心ではなかったようだ。オックスフォードで瓜瓜の家庭教師をしていた男性に話を聞くことができた。

「社交的な性格で、学外の活動に積極的に参加していました。父の跡を継いで政治家になりたかったようで、『儒教と共産主義を融合した新しい政治観を築きたい』と夢を語っていました。ただ、勉学には熱心とは言えず、2009年の最終テストに合格できずに、留年してしまいました」

大学の規定で最終テストは2度しか受けることができず、合格しなければ退学処分となる。

REUTERS ／ AFLO

ハーバード大学院（ケネディスクール）卒業時の薄瓜瓜

瓜瓜は必死に勉強し、何とか翌10年に卒業。ケネディスクールの修士課程に入った。

これらの証言を裏付けるように、確かにインターネット上には、瓜瓜の奔放な大学生活を物語る写真があふれている。

ワインを片手に二人の美女を抱きかかえている姿、ワイシャツをはだけさせながら女性と互いに口紅をつけあっている写真。俳優ジャッキー・チェンと肩を組んでいるポーズ……。

白人、ラテン系、アジア系と国際色豊かな美女たちとのツーショットばかりだ。中でも長い黒髪の目鼻立ちがくっきりした女性との写真が最も多い。

この女性は元党政治局常務委員の陳《チェン》

雲《ユン》の孫娘、陳暁丹《チェンシャオタン》だ。
陳雲は、瓜瓜の祖父、薄一波《ボーイーボー》とともに１９８０～90年代にかけて党を牛耳ってきた８人の長老を示す「八老」の一人だ。鄧小平が進める改革開放政策に真っ向から反対し、市場経済も批判した保守派の重鎮だ。その孫娘が、資本主義の揺籃《ようらん》とも言えるハーバード大ビジネススクールで経済学を学んでいるのだから、皮肉な巡り合わせだ。

「学内では『紅三代（革命第3世代）カップル』として有名でした。陳氏はエルメスの高級バッグ『バーキン』がお気に入りのようで、授業に来るたびに毎回違う色のバッグを持ってきていました。少なくても50個は持っているのではないでしょうか。同級生からは『ミス・エルメス』と呼ばれていました」

二人を知る台湾出身のハーバード大学院生はこう証言する。「バーキン」は最低でも80万円はする。低く見積もってもバッグだけで４０００万円になる計算だ。

二人は、家族どころか党公認のカップルだったようだ。２０１０年夏、チベット旅行をした際には、地元の警察当局が警護にあたっている。

ネットに出回っている二人が仲むつまじくヤクに乗ったり抱き合ったりしている写真の中には、４台の警察車両が写っている。中国内にも広まり、「学生同士のデートを警護する必要があるのか」という批判が噴出した。

ただ、当時重慶市トップとして、「マフィア撲滅（打黒《ターヘイ》）」運動を展開し、国民的な人気を集めていた父・薄熙来の威光の前には、こうした非難の声もすぐにかき消された。

ところがある日を境に、順風満帆に見えたプリンスの米国生活が暗転する。そして、華麗なる「紅三代カップル」も破局を迎えることになる。

エズラ・ボーゲルにも相談

ハーバード大学ケネディスクールは、メインキャンパスから南に歩いて10分ほどのチャールズ川沿いにある。初夏になると、カラフルなカヌーがれんが造りのアーチ橋の下を滑るようにくぐり、純白の帆を立てたヨットがゆっくりと行き交う。秋には、燃え立つような紅葉が川を鮮やかに染める。冬に入ると、景色が一変し、時が止まったように川面が凍り付く。

２０１２年２月８日、中国政治を研究する、ある大学院生はケネディスクール内にある中国専門の教授の控室で、面会の順番が来るのを待っていたという。すると控室の中からかすかに男性の声が聞こえた。

「何か問題があったらすぐに相談に来なさい」

ドアが開くと、180センチはある長身の男性が出てきて、深くお辞儀をしてあいさつしているのが見えた。

瓜瓜だ——。大学院生は、すぐにその姿に気づいた。ただ、いつもの屈託のない笑顔は消え、襟を立てたコートの隙間から見えた顔色は白っぽく、目が腫れているように感じたという。

その2日前、重慶市副市長の王立軍《ワンリージュン》が、政治亡命を求めて四川省成都の米総領事館に駆け込んだ。王の上司だった父・薄熙来が失脚する引き金となった事件だ。瓜瓜の2年間のボストンでの生活も終盤となり、5月の卒業を控えていた矢先の出来事だった。

「その教授は瓜瓜氏を受け入れた指導教官でした。あまり勉強をしていなかったので、テストの点が悪くて相談に来ているのかと思いました。でも、会話のやりとりから、事件のことを相談に来ているのがわかりました」

親元を離れて海外で暮らしていても、父の周辺でただならぬ事態が起きていることに気づき、焦ったのだろう。ほかの数人のハーバード大教授のところにも相談を持ちかけている。

エズラ・ボーゲルもその一人だ。日本では『ジャパン・アズ・ナンバーワン』の著者として知られるハーバード大学の名誉教授だが、中国の現代政治にも精通している。ハーバードの中国コミュニティーの中心人物の一人でもある。留学生だけではなく、中国からやって来た党や政府の幹部らがひっきりなしに面会を求める。瓜瓜も事件発覚後、キャンパス近くにあるボーゲルの自宅に駆け込んできた。

「卒業後は帰国する予定でしたが、米国にとどまることを考えている、と言っていました。特に母親のことを大変心配しているようでした。すぐに弁護士に相談するとともに、しばらくおとなしくしていた方がいい、と助言しました」

まもなく瓜瓜はキャンパス内から姿を消した。

あれほど仲むつまじかった陳暁丹との交際にも終止符が打たれた。事件の波及を心配した陳の家族が別れるように勧めたようだ。

その2カ月後、この一件は母・谷開来《クーカイライ》による殺人事件へと発展する。捜査が進むにつれ、瓜瓜が事件の中心にいたことも明るみに出てきた。

賄賂の多くが瓜瓜を通じて受け渡しされていた

「2000年から12年の間、妻の谷開来や息子の薄瓜瓜を介して大連市の企業から計約2179万元（約4億円）の賄賂を受け取っていた」

無期懲役となった薄熙来の起訴状には、はっきりと瓜瓜が収賄罪に関与している事実が記されている。ほかにも、瓜瓜のアフリカ旅行の費用も負担してもらったことが容疑として挙げられており、父親の容疑に深くかかわっていたと見ていいだろう。

薄の捜査に詳しい党中央規律検査委員会の関係者が捜査の内幕を明かしてくれた。

「薄熙来氏が受け取った賄賂の多くが、瓜瓜氏を通じて受け渡されていました。その金の大部分が、米国などにある彼が管理する口座に保管されていたことも捜査でわかりました」

完全な共犯が成立していると言える。では、なぜ瓜瓜だけが立件を免れたのだろうか。

「息子の罪を追及しない代わりに容疑を認めるという取引を薄熙来氏に持ちかけたからです。薄氏がこれに応じたことに加え瓜瓜氏が米国内にいたため、立件することを断念したのです」

外国にいる容疑者を拘束するには、その国に事件概要を説明して身柄の引き渡しを求めなければならず、煩雑な作業が求められる。中国側は、党内部のスキャンダルを米国側に説明することを嫌がったのだろう。

もし、瓜瓜がハーバードを卒業して中国に戻った後に、薄熙来の事件が発覚していたら、逮捕されていた可能性があった。すんでのところで刑事責任を逃れることができた。

瓜瓜は帰国を断念し、急遽ハーバード大法科大学院（ロースクール）の博士課程に出願することになった。

しかし、結果は不合格。ハーバード大の当局者の一人が、その理由を教えてくれた。

「準備不足だったようで、合格点には達しませんでした。ケネディスクールへの入学の時は、党高官として権勢を振るっていた父親の威光が少なからず影響していたのは事実です。失脚してしまっては、その効力も通用しません」

世界でも有数の最難関校であるハーバード大学の入試では、コネはほとんど通用しない。ただ、大学院の場合、成績だけではなく、推薦状が重視されるため、国内外の名だたる政治家や企業家の関係者らが優遇される傾向にある。特にケネディスクールには、中国の国営企業や党・政府の高官をはじめ、各国の王族や政府首脳の子女が集まっている。その国との関係づくりや、将来への投資という側面を期待しているのだろう。選抜に政治的判断が加わっていることがうかがえる。

その後、瓜瓜はネット上で父の立件の不当性を訴える声明を発表しているが、本人の行方はわからなくなっていた。フェイスブックも２０１２年5月の卒業式を最後に更新されていない。

ハーバード時代に瓜瓜と交流のあった当局者が現況を教えてくれた。

「ニューヨークに移り、コロンビア大学に研究員として在籍しています。ただ、授業には顔を出さず、あれほど活発だった学外の活動やパーティーにも一切参加せず、身分を隠してひっそりと暮らしているようです」

華やかな留学生活は、父の転落によって、暗転した。

前出の英オックスフォード大学で家庭教師をしていた男性も、

「これで、瓜瓜氏が帰国して政治家になる可能性は限りなくゼロになってしまいました」

と悔しがる。

しかし、父親の犯罪に手を貸しながらも、一緒に塀の向こうに落ちるという最悪の事態から は逃れることができた。

結果として、米国という存在のおかげで、九死に一生を得たのだ。

中国にとって仮想敵国ともいえる米国だが、共産党の権力者の子女たちがこぞって米国に渡り、米国も彼らを手厚く遇していることが象徴するように、両国の利害関係は複雑に絡まり合っている。

そんな一筋縄ではいかない両国にあって、2013年6月のオバマ・習のトップ会談は、彼らの本音と建て前を推し量る上での最良のテキストを提示してくれる。

第三章

紅く染まった星条旗

AP/AFLO

「世界の新秩序」が話し合われた米中首脳会談（13年6月）

2兆5千億円の国際会議

晴れ渡った空の下を各国の政府専用機が次々と北京首都国際空港に降り立った。

2014年11月、習近平が党トップの座に就いてから初めての大規模な国際会議となるアジア太平洋経済協力会議(APEC)が開かれた。

会場となる北京市の中心部から北東に約50キロ離れた懐柔区の雁栖湖《イエンシー》周辺には、巨大な卵形のホテルや会議場が建てられた。会場と市内を結ぶ真新しい高速道路が開通した。

このAPECにかかった総費用について北京市政府関係者が明かしてくれた。

「APECに関連する周辺設備や高速道路などの整備もあわせた経費は約1400億元(約2兆5千億円)に上るんだ。習近平主席が『北京五輪を超える盛大なイベントにしろ』という指示を出したから、みんな真剣に取り組んでいるよ。会場周辺の樹木には特殊なホルモン剤を散布していて、会議が終わるまで落葉しないように施している。手厚いおもてなしで各国首脳を迎え、史上最高のAPECにしようと必死なんだ」

この額は豪華な施設や新たな大学をつくって話題となった12年のロシア・ウラジオストクAPECの約1兆6千億円を上回る。

習近平が最も重視した来客は、米国のオバマ大統領だ。破格の国賓待遇で招待した。会議後には、共産党や政府の重要施設や高官の居宅が集まる中南海にオバマを招いて、首脳会談をした。

中南海は、国交正常化前の１９７２年に電撃訪中したニクソン大統領が毛沢東主席と会談した歴史的な場所でもある。

２日間かけ、食事を介しながら9時間にわたって両国が抱える課題や問題について意見を交わした。途中、リラックスした会話ができるよう、ノーネクタイで敷地内を散歩した。

オバマも中国側の接待に満足している節がうかがえる。

習との私的な夕食会の席では、

「米中がうまく協力できれば、全世界の利益になる。両国関係を新たなレベルに引き上げたい」

と語り、米中関係の進展に期待を示した。

こうした中国側の異例の厚遇は、前年の6月にオバマが米カリフォルニア州に習を招いた返礼でもあった。会議の形式や時間も非常によく似ている。

私は新時代の米中関係を形づくる基礎となったその会談の内幕を探るべく、会議場となったリゾート地を訪れることにした。

〝贅沢禁止令下〟のおもてなし

ここに1枚の紙がある。冒頭にはこう記されている。

中華人民共和国国家主席、習近平閣下の歓迎晩餐会

サニーランズ「アネンバーグ」別荘　2013年6月7日金曜日

米カリフォルニア州パームスプリングス近郊のリゾート地で開かれた米中首脳会談での晩餐会のメニューだ。同行筋から入手した。

両国政府とも、晩餐会の詳しい中身については公表していない。メニューを読み解くと、ホストである米側の配慮がうかがえる。

前菜　　ニューメキシコのロブスタータマレ
**　　　　トウモロコシソースと青唐辛子添え**
スパークリングワイン「アイアンホース・チャイニーズキュベ巳年」2004年産
メイン　米国産牛のポーターハウスステーキ
**　　　　新じゃがのブルーチーズ添え**

マイヤーレモン蜂蜜と粒マスタード
空豆とアスパラガス
赤ワイン　「リッジ・カイザービル」
デザート　カリフォルニアチェリーパイ
バニラミントアイスクリーム

著者入手

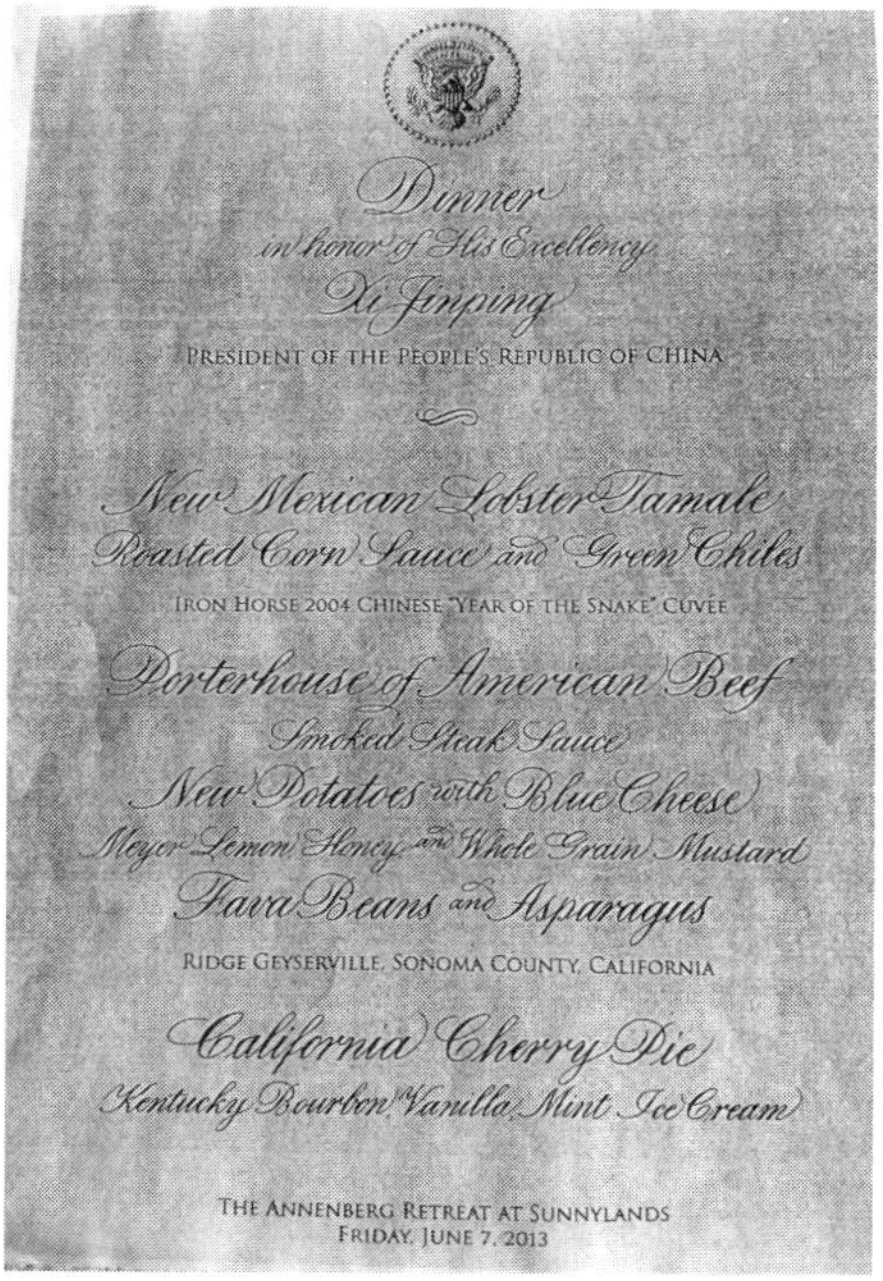
Dinner
in honor of His Excellency
Xi Jinping
PRESIDENT OF THE PEOPLE'S REPUBLIC OF CHINA

New Mexican Lobster Tamale
Roasted Corn Sauce and Green Chiles
IRON HORSE 2004 CHINESE "YEAR OF THE SNAKE" CUVÉE

Porterhouse of American Beef
Smoked Steak Sauce
New Potatoes with Blue Cheese
Meyer Lemon Honey and Whole Grain Mustard
Fava Beans and Asparagus
RIDGE GEYSERVILLE, SONOMA COUNTY, CALIFORNIA

California Cherry Pie
Kentucky Bourbon Vanilla Mint Ice Cream

THE ANNENBERG RETREAT AT SUNNYLANDS
FRIDAY, JUNE 7, 2013

さまざまな配慮がなされた習近平に対する
〝おもてなしメニュー〟

なかなか日本人にはなじみのない料理とワインだろう。

まず前菜に出てくる「タマレ」とは、ひき肉、唐辛子などをトウモロコシの皮に包んで蒸したメキシコ料理の一つだ。ひき肉の代わりにロブスターを入れている。

合わせるスパークリングワインは、「アイアンホース」と呼ばれるカリフォルニアのワインメーカーのもので、ホワイトハウスの御用達だ。

チャイニーズキュベは中国市場向けにつくられたものだ。巳年生まれの習の干支にちなんで04年産が選ばれた。

メインのステーキに添えられたマイヤーレモンはオレンジとの交配種で、中国から持ち込まれた品種である。赤ワインもカリフォルニアのものだ。

ふだんの公式晩餐会で出されるキャビアやフォアグラなどの高級食材はなかった。ワインはいずれも100ドル（1万2千円）以下。同行者の料理を加えても、総料理費は十数万ドル程度だろう。

米メディアの調査では、オバマが大統領に就任してからの公式晩餐会は、インドのシン首相の約57万ドル（6800万円）が最高額。2011年の胡錦濤《フーチンタオ》の訪米の時の41万ドル（4900万円）と比べても地味な印象だ。

米政府関係者はその理由を語る。

「中国側から、豪華な食事やワインを控えてほしい、との要請が事前にありました。中国国内で〝贅沢禁止令〟を出している習氏の強い意向があったようです。その代わりに高価でなくても、習氏の好きな食材や中国とつながりのある地元の食材をメニューにしたのです。そうした意味で最高のおもてなしで迎えました」

習はこの訪米の前年の12年2月、国家副主席として、米国を訪れている。このとき応対したバイデン副大統領は、習のことを、

「中国の指導者にしては珍しく、自分の言葉で話すことができる力強い指導者だ」

と評価をしている。

中国の外交のしきたりでは、交代で相手国を訪れることになっており、本来はオバマがこのタイミングで訪中するのが順番だった。しかしこの時、就任して3カ月しか経っていない国家主席による異例の連続訪米となった。

中国外務省関係者によると、中国側から首脳会談を持ちかけたという。しかも、習が国家主席になる前の13年2月ごろから中国外務省内では綿密に準備が進められ、米側と調整もしていたようだ。

その際、中国外務省の担当者から米国側にある提案がされた。

「『ロン・ヤス』会談のような演出をしたい」

中国側は、1983年に訪米した中曽根康弘首相がワシントン郊外の大統領山荘キャンプデービッドで、レーガン大統領と互いの愛称で呼び合うほどの蜜月関係を築いた「ロン・ヤス」会談を引き合いに出した。

それを受けて米側は、歴代の米大統領がバカンスや私的な政治会談に利用してきた「西のキャンプデービッド」と呼ばれるサニーランズを選んだ。

このことから、中国が、これまで米国の最大のパートナーだった日本を意識していることは明らかだった。米国と日本以上に実利ある関係を築こうというメッセージといっても差し支えないだろう。

米国側は、中国側のほぼすべての要求を受け入れた。並々ならぬ気遣いをしている様子がうかがえる。先述の中国外務省関係者は語る。

「新たな米国との関係や世界秩序について本音で語り合いたいという習主席の熱意にオバマ大統領側は全面的に応じてくれました。米中が国交正常化してから異例とも言える会談時間の長さと中身の濃い会談になりました」

ただ会談をめぐっては、誰が参加して、どのような話をしたのか、ほとんど明らかにされていない。

重要な話をしていたのは間違いなさそうだ。

エリザベス女王は「砂漠の天国」と評した

ロサンゼルス空港でレンタカーを借り、片側5車線の高速道路を東へ走らせた。しばらくすると、街路樹の濃緑が少しずつ色あせ、むき出しの焦げ茶色の大地が現れた。薄灰色の風力発電機が、忙しそうにフル回転している。突然、中央分離帯に吸い寄せられるように横滑りした。突風にあおられたのだ。何とか重いハンドル切り、体勢を立て直した。周りの車も景色が止まったかのように徐行していた。

4時間が過ぎた。一面に広がる砂漠の向こうに灰色の建物群が、蜃気楼《しんきろう》のように浮き上がって見えた。目的地のランチョミラージュに着いた。街路にヤシの木が植えられ、高級リゾートホテルやゴルフ場がある。まさに砂漠のど真ん中にあるオアシスだ。

派手なピンク色の壁に囲まれ、深い常緑樹に包まれた一角を見つけた。ゲートには鉄製の扉と鉄条網があり、守衛も常駐している。

ここがサニーランズだ。東京ドーム約17個分にあたる約81万平方メートルの敷地には、ゴルフ場やテニスコート、11カ所の釣り池がある。宿泊施設や会議場など建物だけでも計23

00平方メートル余りある。

サニーランズは「TVガイド」など17の雑誌を創刊した故ウォルター・アネンバーグが1966年、冬場の私邸としてつくった。フォーブス誌によると、アネンバーグの資産は40億ドル（約4800億円）で全米39番目の富豪にランキングされたこともある。ニクソン政権では駐英大使も務めた。

絨毯のように敷き詰められたサボテンに彩られた通路を通ると、全面ガラス張りの迎賓館が見えた。サニーランズの歴史や訪れた要人について展示されている。迎賓館は、一般公開されており、米中首脳会談の後、中国人観光客が2割増えたそうだ。習夫妻と、オバマのサインも飾られている。ニクソンをはじめ、レーガン、ブッシュ父、クリントンら7人の米大統領や政府高官が休暇や会議のために訪れていた。歌手のフランク・シナトラの写真もある。彼が一時、住んでいたそうだ。

首脳会談が行われた本邸の中も見せてもらえることになった。一般公開されている迎賓館とは高い鉄扉で仕切られている。男性スタッフが運転するゴルフカートに乗り、中に入った。同じ高さにそろえられた浅緑の芝が一面に広がっている。吸い込まれるように鮮やかな青空を映した池では、渡り鳥が羽を休めていた。カメラを向けると一斉にはばたき、細かいさざ波が走った。スタッフが誇らしげに語り始めた。

著者撮影

かつては海部首相との会談場所に選ばれたことも（サニーランズ）

「世界で最も忙しい米大統領がこの絶景に身を置きながら、政策や世界戦略をじっくりと考えているのです。砂漠のど真ん中にこの庭園をつくるのに、３５００万ドル（42億円）かかっています」

かつてこの地を訪れた英エリザベス女王が「砂漠の天国」と評したのもうなずける。

カートを10分ほど走らせると、池の向こうにテントのような形をした淡いピンク色の本邸が見えた。玄関脇には銀色のプレートが掲げられ、こう記されていた。

「１９９０年、初の晩餐会を日本の海部俊樹首相のために開いた場所」

当時日本はバブルの絶頂期。ブッシュ父に招かれ、海部が2日間かけて食事を共にしながら、貿易摩擦や安全保障について議論した。世界第2位の経済大国だった日本は、米国にとって最大のライバルであり、世界中のメディアが取材に押しかけた。まさに今、中国にその座を取って代わられたように感じた。

玄関を開けると、うっすらと太陽光が差し込む廊下の両脇には、絵画が所狭しとかけられている。スタッフが一つひとつの作品を指さしながら、

「これはピカソ、あれはモネ、そちらはゴッホの作品です。すべてアネンバーグが所蔵していましたが、２００２年に逝去してから、ニューヨーク・メトロポリタン美術館に寄贈されました。今あるのはデジタル複製です」

と教えてくれた。部屋の隅々にはアンティークの家具が置かれ、陶磁器やガラス製品が飾られている。葛飾北斎の浮世絵の展示室もある。さながら美術館のようだ。

軽く50畳はあるだろうリビングからは、テラス窓の向こうに専用プールとゴルフコースを望むことができる。スタッフが一枚の写真を見せてくれた。ソファに座っている習と国民的歌手として有名だった夫人の彭麗媛《ポンリーユワン》、そしてオバマが写っていた。

「3人はこの景色を見ながら30分ほど談笑しました。プライベートについても話題となり、和やかな雰囲気だったようです。ただ、その直前の会談では緊張感のある激しいやりとりが

交わされたと聞いています」

首脳会談は、２０１３年６月７、８両日に開かれた。１回目の会談は７日午後。両首脳以外に、双方から６人ずつの閣僚を交えて、テーブルをはさんで向き合った。

米側はカジュアルな雰囲気を出そうと、ネクタイを外すことを持ちかけた。一方の中国側の対応は違っていた。

中国同行筋の一人は振り返る。

「習主席が直前に、事務方が用意した書類を持ってくるように指示しました。私たちが半年間かけて準備をした資料で辞書のように分厚いものでした。それをわざわざ会談場所に持ち込んで机の上に置くと、米側は驚いた様子で見ていたそうです。こちらが万全の準備をしていることを知らしめることで相手にプレッシャーをかけ、会談を優位に進める狙いが習主席にはあったようです」

両首脳は、北朝鮮やイランの問題から、サイバー攻撃などについて、議論の応酬があった。双方の意見は平行線のまま、晩餐会にもつれこんだ。

米中両政府やサニーランズの関係者から得た証言を紡ぎ合わせ、緊迫の晩餐会を再現する。

最初に料理長のボビー・フレイからメニューの説明があった。ニューヨークの中心部にレストランを構えており、日本の料理番組「料理の鉄人」にも出演したことのある人気シェフである。

ユーモアを交えたトークに雰囲気が和らいだのもつかの間、習が口火を切った。

「釣魚島（尖閣諸島の中国名）は我が国の固有の領土で、『核心的利益』だ。いかなる第三者の介入も許さない」

沖縄県・尖閣諸島について、チベットや台湾と並んで妥協の余地のない国益を意味する「核心的利益」という表現を使った。習は、米国の尖閣問題への介入を強く牽制した。日米安全保障条約に記された日本に対する防衛義務を、尖閣問題には適用するなというわけだ。

さらに安倍政権の歴史認識や憲法改正の動きについての批判を展開し始めた。

「日本の一部政治勢力は歴史の流れを逆行させようとたくらんでいるが、我々は戦後の国際秩序を守り抜く覚悟だ」

習の「演説」は70分間繰り広げられた。晩餐会はさながら独演会と化した。さすがにしびれを切らしたオバマは言葉を遮った。

「日本は同盟国で、友人で、民主主義国だ」

晩餐会は予定時間を超えて、1時間45分が経とうとしていた。全く議論がかみあわないまま終わった。初日はほとんど進展がなく、米側の参加者からは失望の声が漏れた。

そしてオバマは事態を打開すべく、ある行動に出る。

「二人きりの50分間」で何が話し合われたか

翌朝、雲一つない青空が広がった。まだ午前9時過ぎだというのに、温度計はあっさりと37度を超えていた。砂漠の真ん中にあることを思い知らされる猛暑だ。

朝食会でも堅苦しい雰囲気は崩れなかった。終わりかけのタイミングで、オバマは習に切り出した。

「二人きりで庭を散歩しませんか」

中国の外交儀礼にはない申し出だ。戸惑っている部下や側近をよそに、習は、

「ぜひ行きましょう」

と即答した。二人は上着を脱ぎ、テラスから庭園に出た。

約50分間、プールサイドを歩き、ベンチに腰掛け話し込んだ。このベンチはカリフォルニア産の赤杉でつくられた。ニクソンが１９７２年に電撃訪中した際に中国側に贈った木と同じものだ。両国の友好を演出するために米側があらかじめ用意していたものだった。

二人が何を話したのかについては、両政府とも明らかにしていない。同行筋の一人が重い

口を開く。

「二人が話し合ったのは、中国が提案した『新型大国関係』についてでした。冷戦時の米国とソ連のように互いが争うのではなく、双方がウィンウィン（共に勝者になること）の協力関係をどのように実現していくかを議論したようです」

「新型大国関係」という言葉を中国が最初に外交の場に持ち出そうとしたのが、サニーランズ会談から2年さかのぼる2011年1月の胡錦濤の訪米の時だった。

ちょうどこの頃、オバマ政権は急成長する中国に対抗するため、「アジア回帰」政策を掲げ、アジアでの影響力を強めようとしていた。それを牽制するために中国側が持ち出した考え方だ。

中国政府関係者によると、中国側は胡錦濤とオバマの首脳会談の事前協議で、「新型大国関係」を含む合意文書をまとめようと持ちかけた。その際、両国が互いの「核心的利益」を尊重することを盛りこもうとした。

中国外務省が事前にまとめていた首脳会談に関する内部文書には確かに、

「双方が国の核心的利益にかかわる問題を適切に処理する」

と記されていた。

結局、米側が拒絶したため、合意文書ではなく格下の共同声明（ジョイントステートメント）の形で落ち着いた。また文言についても「新型大国関係」の代わりに、「協力パートナーシップ」という言葉が使われた。

その後も首脳会談などの場で、中国側は「新型大国関係」を持ち出してきたが、そのたびに米側は拒否してきた。

ところが今回のサニーランズでの会談後に記者会見したドニロン大統領補佐官（国家安全保障担当）は、

「オバマ大統領と習主席は、『新型大国関係』を構築することで合意した」

と言明している。

このことは、中国が主張する「核心的利益」を尊重することを、米国が容認したと受け取られかねなかった。

中国政府関係者の一人が、サニーランズ首脳会談の意義を強調する。

「『新型大国関係』という言葉を米国側が公に使ってくれたことが最大の成果です。この基本的な考え方は、大国としての責任を果たすのと同時に、互いの『核心的利益』を尊重することにありました。オバマ氏がこれを受け入れたことは、我が国の外交にとって大きな成果となります。それは、米側に釣魚島（尖閣）問題への介入を強く牽制することを意味するからです」

日米安全保障条約第5条では、日本政府が管理している領域に、他国からの武力攻撃があった場合に米国が防衛することを定めている。米政府は、尖閣が日本の管理下にあり、安保条約が適用されることを認めてきた。

たとえば、国務長官だったヒラリー・クリントンは13年1月、尖閣周辺で挑発行為を繰り返す中国に対して、

「日本の施政権を一方的に害するいかなる行為にも反対する」

と厳しく批判していた。

それが、オバマは今回のサニーランズ会談後の会見で尖閣問題について、

「(米国は)領土問題についてはどちらか一方の立場はとらず、双方が話し合いを通じて問題を解決してほしい」

と、それまでの米政府の見解から退いたとも言える発言をしている。

攻める習近平、防戦一方のオバマ

私が中国特派員として6年間、中国の政府や軍の当局者を取材していて強く感じたことが

ある。彼らは、力（パワー）の信奉者だということだ。軍事力や経済力を含めた総合国力を常に相手国と比べながら、冷徹かつ現実的に外交政策を決めているのがよくわかった。

08年のリーマン・ショックで米経済が悪化したのを受け、ベトナムやフィリピンなどと領有権を争っている南シナ海を中心に攻勢を強めた。11年に国内総生産（GDP）が日本を抜いて世界第2位に躍り出ると、尖閣問題を含む東シナ海で強硬姿勢に転じるようになった。

国力と同じく重視するのが、相手国の対中戦略だ。中国に対し、敵意があるかどうか、対抗する意図があるかどうか、その国の政治家の発言や議事録を細かくチェックしている。

民主党代表だった前原誠司が05年に講演で「中国脅威論」を述べたのに反発したり、安倍晋三首相が尖閣問題をめぐる中国の挑発的な対応を批判する発言に神経をとがらせたりするのも、そのためだ。

だからこそ、中国は、米国が融和的な政策をとったと判断すれば、敏感に反応して攻勢を強めることになる。さらにサニーランズ会談直後の米政府高官のある一言が、中国を強硬姿勢に駆り立てることになる。

13年11月20日、ライス米大統領補佐官（国家安全保障担当）は、米ワシントン市内で「アジアにおける米国の未来」というテーマで講演した。

「中国とは新たな大国関係を実行しようとしています。米国は主権の問題には立場を取りません。日中が対立を激化させないように平和的で、外交的な方法を探るよう両国に促しています」

尖閣が日本の管理下にあるかどうかについてすら触れなかった。日本を支持するのではなく、むしろ中立の立場を強調した表現とも言えた。

中国は、こうした米側の軟化姿勢を見逃さなかった。

その3日後、中国国防省は東シナ海上空に、戦闘機が警告のため緊急発進（スクランブル）する際の基準となる「防空識別圏（ＡＤＩＺ）」を設定したことを公表した。尖閣諸島（沖縄県石垣市）の上空を含んでおり、日本の「防空識別圏」とも重なっている。

設定の経緯について、中国軍シンクタンクの関係者は打ち明ける。

「軍の長年の悲願だったんだ。01年に南シナ海の公海上空で、我が軍の戦闘機が米軍偵察機に接触してパイロットが犠牲となった事件がきっかけだ。我が国の領空に近づこうとする米軍機を防ぐために、何度も識別圏を設定をしようとしたのだが、米側の反発を恐れたためできなかった。オバマ政権が、我が国に対して融和的な政策にかじを切ったことを一つの判断材料にしたのは否めない」

その直後、訪中したバイデン副大統領は習と会談し、「防空識別圏」を認めないことを伝える一方で、

「あなたは率直かつ建設的に、新しい大国関係を発展させようとしている」

と語り、習の対米姿勢を評価した。

これに対し習は、

「『防空識別圏』は正当な権利だ。互いの核心的利益を尊重し、敏感な問題に適切に対処しよう」

と、「新型大国関係」についての中国の独自の解釈をここでも強調した。

サニーランズ会談がきっかけとなり、中国が攻勢をかけ、それに米国が防戦しているように見える。

国家情報会議で対中政策に携わっていたブルッキングス研究所北東アジア政策研究センター所長のリチャード・ブッシュは、「新型大国関係」については否定的な見方をする。

「中国とともに北朝鮮問題や気候変動などの世界的な問題を協力して解決していくことを目指すものであって、中国が主張する『核心的利益』とは関係ありません。もし習主席が尖閣について『我が国の主張を認めろ』と言うのならば、『同盟国である日本の管理下にある』と言い返すまでです」

確かに防空識別圏を設けて以降、米政府高官は再び中国批判を強めている。

「中国は自分たちの『核心的利益』ばかりにこだわり過ぎだ。もっと共通の利益にも目を向

けるべきだ」(エバン・メデイロス米国家安全保障会議〈NSC〉アジア上級部長)
「東シナ海、尖閣諸島近海における中国公船によるかつてないほどの危険な活動が増えていることを懸念する。尖閣諸島は日米安保条約、とりわけ第5条の適用対象だ」(ダニエル・ラッセル米国務次官補)
こうした発言も中国の強硬姿勢を受けて、あわてて軌道修正したようにも私には見える。米国政府の対中政策について、中国を中心とする安全保障政策に携わる米海軍幹部は、ある問題点を指摘する。
「実は米国政府内で中国とどのように向き合うか、という対中戦略がしっかりと定まっていないんだ。だからこそ、『アジア回帰』政策を打ち出したと思うと、政府高官が中国に融和的な発言をするなど、ちぐはぐなんだ。場当たり的な政策を繰り返し、後手に回っているのが現状だ」
東アジア政策にかかわっていた米国防総省の元幹部も、オバマ政権の対中政策を批判する。
「サニーランズ会談が、米中関係の一つの転換点になったと思います。あいまいな定義づけのまま、安易に『新型大国関係』を受け入れたのが一番の問題です。というのも、オバマ政権として、習主席のことを能力が高く、話ができる指導者だという期待があったからです。結局は米側が思っている以上にパワフルで、手ごわい相手だと思い知らされたのです」

「鄧小平と匹敵する権力者だ」

これらのオバマ外交への厳しい指摘は、裏返せば中国への潜在的な恐れからきていると思われる。米国の政府や研究者の中では、「習近平の権力は強い」という認識でほぼ一致している。中国内政を研究しているボストン大学のジョセフ・ヒュースミス教授は、「前任の胡錦濤、その前の江沢民《チアンザーミン》と比べても、習近平は権力基盤を築くのがきわめて早く、より強固だと言えます」と分析する。

習は国家主席になってから、大規模な「反腐敗キャンペーン」を展開し、大規模な汚職の取り締まりをしている。「トラもハエもたたく」というように、地方の官僚から中央の高官まで根こそぎ摘発している。

私が付き合ったことがある地方政府の官僚や国営企業の何人かの幹部も連絡がとれなくなった。「贈収賄事件の共犯者として軟禁されて、取り調べられている」と、彼らの同僚から聞いた。

確かにこれほどの本格的な汚職摘発は、江や胡の時代にはなかったことで、権力基盤が固まっていなければできないことだ。

これとは対照的に、日本の研究者やメディアは、習の権力基盤や能力を低く見る傾向があるように思える。

日本の書店に並んでいる習について記した本のタイトルには、「共産中国最弱の帝王」「習近平と中国の終焉《しゅうえん》」などの活字が躍る。日本の官僚や研究者と話していても、「習近平は今後10年、持ちますかね」と尋ねられることが少なくない。

私自身も実は、中国特派員として習を見ていて、「本当にこの人物が最高指導者になれるのだろうか」と思うことがあった。

議場ではほかの高官が熱心にメモをとっているにもかかわらず、一点をただ見つめている習の姿をよく見かけた。討論会でもただ周りの言っていることをじっと聞いているだけ。発言をしても、用意された原稿を棒読みしている場面によく出くわした。ズボンの裾は丈が短く、たるんだ靴下があらわになっていることもあった。

そもそもほとんどの外国人特派員は少し前まで、習の存在すらよく知らなかったと言ってもいい。多くのメディアは、２００７年の第17回共産党大会で、最高指導部である政治局常務委員9人の中に入ったのを見て、経歴や人柄などを慌てて調べたほどだ。

習は地方勤務が長かったため、直接彼に会った日本人はそれほど多くなく、実像がつかめなかった。加えて、多くの日本人にとって、習の「第一印象」はあまり良くなかったことも関係しているだろう。

国家副主席として09年に日本を訪れた際の「天皇会見問題」で初めて習の名を聞いた人も少なくないだろう。天皇と会見するには1カ月前に日程を申し入れなければならないという「1カ月ルール」に抵触し、会見が実現しない見通しとなった。

ところが習は部下を通じて、当時民主党幹事長だった小沢一郎に猛烈にプッシュすることで、実現することになった。この問題では、日本国内でも激しい反発が出た。

最近ではさすがに、習に対して「史上最弱」との声はなくなったが、指導者として畏敬の念をもたれるというよりも、むしろ嫌悪感情が強まっているといってよい。共産党幹部の粛清劇をうけ、独裁者としての印象が強まった昨今では、「史上最悪」といった声まで聞こえるようになってきた。

日本と米国において、「習近平観」には明らかに大きな隔たりがある。そうした差違は、習近平が「皇帝レース」を勝ち抜いていった様をどのように評価するか、といった問いから派生していると私は思う。そして、その権力闘争の内幕については、日本ではメディアや外交の関係者をもってしても、与り知らぬところだろう。

次章では習近平国家主席の誕生前夜に、時計の針を大きく戻してみよう。

中国共産党の序列ピラミッド

※年齢·肩書き等は2015年1月時点のもの

総書記

習近平
(61)
中国共産党
中央総書記
(12年〜)

北京市出身。元副首相を父に持つも、文革中の16歳時に下放。農村で7年間過ごす。清華大学卒。河北省、福建省、浙江省などの要職に就きながら実績を重ね、12年総書記に。

胡錦濤
(72)
前総書記
(02年〜12年)

安徽省出身。清華大学卒。84年共産主義青年団第一書記に。88年、チベット自治区党委書記に就任。翌年、ラサ暴動を鎮圧したことで鄧小平の信任を得る。02年総書記に就任。

江沢民
(88)
元総書記
(89〜02年)

江蘇省出身。上海交通大学卒。技術畑を歩み電子工業相などを経て上海市長に。89年、天安門事件で失脚した趙紫陽の後任として鄧小平の指名をうけ、総書記に抜擢された。

政治局常務委員

李克強
(59)
国務院総理
(13年〜)
※序列2位

安徽省出身。父は下級役人で文革中に下放された。北京大学卒。共青団では胡錦濤に仕え、共青団中央第一書記に。最高指導者争いで習に敗れ、13年、国務院総理に就任。

周永康
(72)
前政法委書記
(07〜12年)
※当時序列9位

江蘇省出身。北京石油学院卒。石油関連企業の要職、四川省党委書記を経て胡錦濤体制下で政治局常務委員入り。代替わりとともに腐敗撲滅の矛先となり、14年末に党籍剝奪。

政治局員

薄熙来
(65)
元重慶党
委書記
(07年〜12年)

山西省出身。北京大学卒。大連市、重慶市の党委書記を歴任。両市の経済発展に寄与したが12年、腹心の米国領事館駆け込み事件で失脚。13年10月に無期懲役確定。

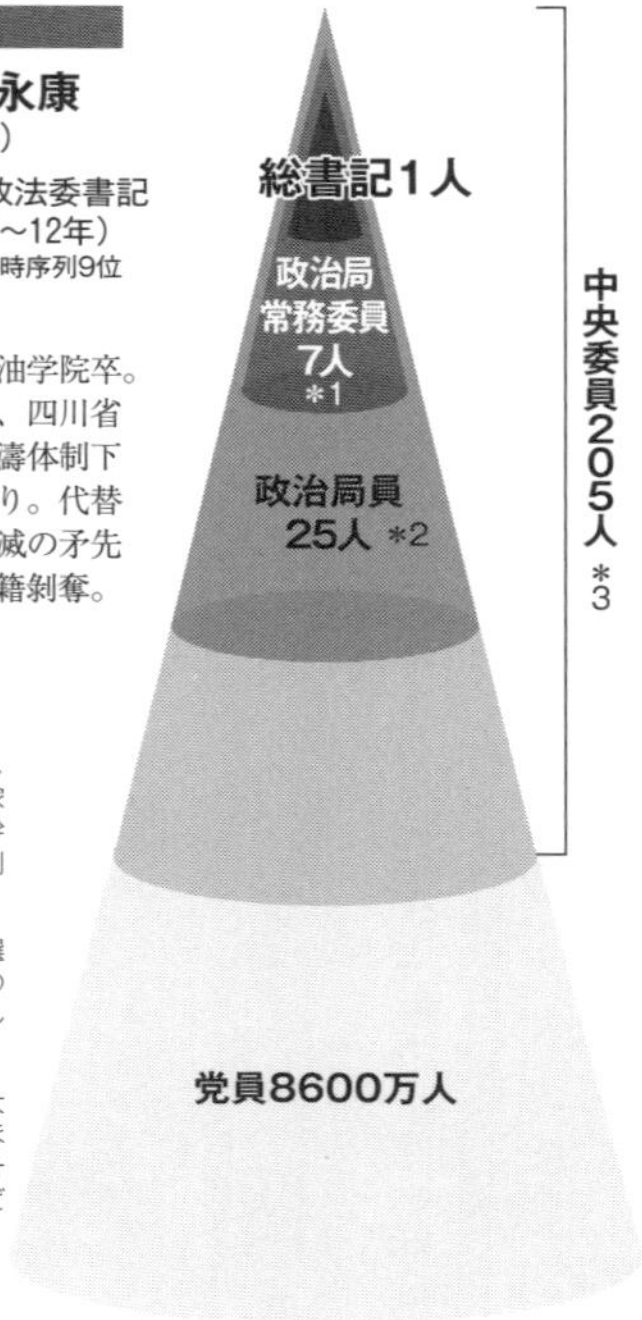

＊1 〝政策決定の中枢〟を担う7人。各々が国家組織や軍などの最高幹部でもある。胡錦濤体制下では9人だった。

＊2 中央委員会から選出される。月1回、党の重要政策について話し合う会議に出席する。

＊3 5年に1度の党大会で選出。1年に1度ほど開かれる、党の方針や国家の発展計画などを話し合う会議に出席。

共同通信社、EPA＝時事、REUTERS/AFLO

第四章

ドキュメント 新皇帝誕生

REUTERS/AFLO

第18回党大会後、新指導部がお披露目された（12年11月）

「全退（完全引退）で決まりだ」

いつものやり方で指定された場所に向かう。

わざわざ遠回りして何度も電車とバスを乗り換える。帽子を深くかぶって眼鏡もかけ、人混みに紛れた。尾行されていないかどうか何度も後ろを振り返る。電波から居場所を探知されないように携帯電話もあえて持たない。

二人だけしか知らない連絡方法と暗号を使って事前に集合場所を決めていた。それでも中国当局の監視網を前にしては安心などできない。情報統制は日本とは比べものにならないほど厳しい。「情報源」がスパイ容疑で逮捕されたら、最悪の場合には死刑になる可能性さえある。

待ち合わせ場所は北京市郊外にある屋台。昼食時でにぎわう正午過ぎ、食事をかき込む客に紛れるようにその男はいた。

２０１２年11月13日。中国共産党にとって最も大切なイベントである党大会の最中。大通りや繁華街の沿道には、濃緑の制服をまとった武装警察隊員や警官が銃を抱えて警戒にあたっている。街全体が異様な緊張感に包まれていた。

日本の国会に当たる全国人民代表大会（全人代）が毎年開かれるのに対し、共産党大会は5年に1度しか開かれず、指導部の人事や重要法案を決める最も重要な会議だ。18回目となる今大会では、最高指導者の胡錦濤《フーチンタオ》が党トップの総書記を退き、兼任していた国家主席とあわせて習近平《シーチンピン》に交代することが内定していた。

最大の焦点は、胡の持つ三つ目のポストである中央軍事委員会主席に絞られた。

世界最大の230万人を抱える人民解放軍のトップで、部隊の移動から核ミサイルの発射にいたるまでのすべての権限を握るポストだ。新中国建国の父、毛沢東が「政権は銃口から生まれる」と説いたように、まさに「権力の源泉」と言えた。

歴代の最高指導者は他のポストを退いてからもその職に留まり、重要な人事や政策に口を挟んできた。総書記にも国家主席にも内部で決められた「定年」があったが、軍事委主席だけは例外扱いとなっている。

胡が軍事委主席にとどまるのか。

それとも習にすべてを譲るのか。

厳戒態勢のなか、わざわざ「男」に会うのも、そのことを最終確認するためだった。

男は、北京市中心部にある中国政治の中枢「中南海」に出入りすることができた。敷地内には、豊かな緑の中に、中国の伝統的な楼閣と近代的な事務棟がある。このなかに執務室が与えられている指導者は、党のトップ25である政治局常務委員と政治局員ら、わずかな高官に限られる。敷地内には軍が常駐しており、出入りは厳しく制限されている。外界とは閉ざされた、まさに「奥の院」だ。

背もたれのないパイプいすに腰掛けた男は、前かがみになって私の顔に近づき、耳元でささやいた。

「全退（完全引退）で決まりだ」

声は潜めていたが、自信に満ちた表情だった。

私は驚きを隠して、この人物の説明に耳を傾けた。

その2日前の11月11日、北京の人民大会堂で内部高官会議が開かれた。この席の冒頭で、胡が突然、自ら発言を求めたという。

「すべての役職から退き、習同志に譲りたい」

意外な内容に、出席した党幹部からはどよめきが起きた。このとき、胡は二つの内部規定をつくることもあわせて提案した。

一、自分を含めていかなる党高官も引退後は政治にかかわらない。

二、今後、軍事委主席も含めたすべてのポストの任期について例外を認めない。

胡の突然の提案——しかし一方の習は動じる様子を見せずにすぐさまこう返した。

「胡同志の決断に最高の敬意を表したい」

二人の予想外の言葉に、会議の場は静まりかえった。

習と胡の世紀の大芝居

男の口からは、想像すらしていなかった情報が次々と明かされた。思わず「本当か」と叫んでしまった。向かいの客の驚いたようにこちらを見つめる視線を感じ、声を落とす。

それまで、北京にいる各国の大使館員やメディアの多くは、胡が前任の江沢民にならって、軍事委主席にしばらく残るだろうとみていた。江は2002年に総書記を胡に譲った後も、1年10カ月にわたって軍事委主席に居座り続けた。

元党高官を親族に持ち、中南海の内情に詳しい中国政府関係者は、このポストの持つパワーについて説明する。

「最強の権限を持つ軍事委主席は、中国共産党内では『院政ポスト』と言われているんだ。党や政府の規則にも縛られず、定年がないから、好きなだけ居座り続けることができるわけさ。江沢民は総書記を辞めた後もこのポストを手放さなかったから、自分の意のままに動かせる人事を整えることができたんだ」

なぜ胡はそれほど影響力のあるポストを自ら辞したのか。

実は習と胡のやりとりには不可解な点も残っている。年上を重んじる儒教文化が根ざす中国において、年長者が引退を口にした場合、慰留することが共産党の慣習だった。しかし、習は当然のように胡の提案を受け容れている。

この中国政府関係者に私の疑問をぶつけてみた。

「実際、江沢民のケースでも総書記を辞めた後、何度か軍事委主席の辞職を申し出ていたんだよ。でも胡は思いとどまるように進言して、それに従った形にしてるのさ。だからたとえ本心でなくても、習が形だけでも慰留しなかったのは異例なんだ。おそらく胡はあらかじめ習と話し合っていたんだろう」

習と胡は〝一芝居打つ〟形で党改革を断行したということになる。

江らほかの長老が反対する間もなく、胡の提案は採択された。

胡は共産党トップになってから10年間、常に江の目を気にしながら政権運営をしてきた。経済や政治の改革を進めることができず、独自性も発揮できなかった。

そんな煮え湯を飲まされ続けてきた胡だが、最後になって、自らも退く形で、江を「道連れ」にしたのである。

この中国政府関係者は続ける。

「胡錦濤が江沢民みたいに軍事委主席にとどまれば、江を含め権力が三重に絡み合うことになっていた。そうなれば、党内の権力闘争がさらに激しくなって、共産党による支配が危うくなることは避けられなくなっていただろう。胡の決断は党全体の利益を考えた歴史的な偉業だと思う」

当時、私はほかの複数の情報源にも確認した上で、翌14日付の朝日新聞朝刊一面に「胡総書記、完全引退へ　江氏の影響力も排除　中国、院政に終止符」という記事を書いた。最も注目されている胡の去就をぎりぎりのタイミングでスクープしただけではなく、江の院政を終わらせるという内幕まで報じたことは、各国のメディアや専門家から評価されることになった。

だが、その後取材を続けるうちに、この関係者が言うほどの「美談」ではなかったことがわかってきた。胡も最初から「偉業」を成し遂げようとしたわけではなかったようだ。

当初、胡は、江のように軍事委主席にとどまろうと画策していたのだ。

胡は今回の党大会にいたるまで、江と水面下で激しい駆け引きを繰り広げ、最後は共倒れに近い形で権力の舞台から去った。

それは、江を「道連れ」にしなければ収まらなかったほどのあまりにも激しい死闘の末の決断だった。

禁断の「紅線電話」

その攻防の火ぶたは、18回党大会の9カ月前に切られた。

2012年2月16日、中南海で政治局常務委員会議が開かれた。

この会議は、党員8600万人の頂点に立つ常務委員9人によって開かれる最高意思決定機関だ。だが、議論の中身はおろか、開催した事実すら公にされていない。複数の党関係者の証言を集めると、ほぼ週1回開かれており、総書記だけがこの会議を招集する権限を持っている。9人がそれぞれ1票を持ち、多数決で重要事項を決める仕組みだ。

「薄熙来《ボーシーライ》同志の処分について議論したい」

議長の胡錦濤が、高官の名前を出してこの日の議題を提起した。

会議の10日前、重慶市副市長の王立軍《ワンリージュン》による米国総領事館駆け込み事件が起きていた。上司だった薄熙来・重慶市共産党委員会書記と対立した王は、身の危険を恐れ、隣の四川省成都市にある米国総領事館に逃げ込み、亡命を求めた。

　米国務長官だったヒラリー・クリントンは、13年10月の英国での講演で、当時の緊迫した状況について次のように語っている。

「彼は薄の右腕として汚職や残虐な行為をした記録があり、亡命を受け入れられなかった。その時、総領事館は武装警察に取り囲まれ、危険な状況だった。ただ、彼が『北京に行って中央政府に真実を伝えたい』と求めたので、それならば『アレンジできる』と答えた」

　王は、中央政府から派遣された国家安全省幹部に引き渡された。

　ここでクリントンが武装警察に言及した点が注目される。武装警察が総領事館を包囲したことは、大使館や総領事館の保護を定めたウィーン条約に違反しかねない行為だ。さらに大規模な武装警察の部隊を派遣できるのは、地方政府ではなく、中央政府で公安や司法を統括する政法委員会という部門のはずだ。この点については実は別の黒幕がいた。詳細は第八章に譲る。

　話を王立軍の駆け込み事件に戻そう。

　国家安全省に引き渡された王は調べに対し、薄の不祥事について次々と告白する。薄の妻が知人の英国人実業家に毒物を飲ませて殺害したことや、一家の巨額不正蓄財についてすべて暴露した。この事件は、胡にとってはチャンスだった。

もともと薄熙来は、江沢民と関係が近かった。政治局員だった薄は、18回党大会で格上の常務委員会入りする最有力候補者の一人。しかも、温家宝《ウエンチアバオ》首相の後任の座を狙っていると言われていた。共産主義青年団（共青団）時代からの胡錦濤の部下で、首相候補の本命だった李克強《リーコーチアン》を脅かす存在でもあった。共青団とは、共産党の将来の幹部を養成するための若手エリート機関で、14歳から28歳の約8千万人の団員がいる。胡や李がかつてトップを務めたことがある。

さらに王による駆け込み事件が表面化したからには、薄についても処分をしなければ、党の威厳にかかわりかねない。胡はこの常務委員会で、薄の責任を追及することを主張した。

常務委員の意見は、真っ二つに割れた。

【賛成】胡錦濤・温家宝・李克強・賀国強《ホークオチアン》

【反対】呉邦国《ウーバンクオ》・賈慶林《チアチンリン》・李長春《リーチャンチュン》・周永康《チョウヨンカン》

反対したのは、いずれも江と関係が近いとされる4人だった。薄を擁護する江の意向に沿う判断のようだ。

残る一人の習近平は訪米中で、会議を欠席していた。

総書記の政務を取り仕切る党中央弁公庁の担当者は事前にワシントンにいる習に連絡をとり、意見を求めていた。オバマ大統領との会談を終えたばかりの習は、責任追及の意向を伝えた。

5対4——。習の1票が、薄本人の責任を追及することを決定づけた。元党高官を親族に持つ党関係者は驚きを隠せない様子で語る。

「まさか習近平が同意するとは思わなかった……。薄熙来とは同じ『太子党』に属しており、幼い時からの付き合いだからだ。4歳上の薄のことを『兄さん』と慕っていたのにな」

「太子党」とは、党の高級幹部の子どもや孫たちのことを指す。親や祖父母から受け継いだ特権と人脈により、政財界に大きな影響力を持つ。日本の政党のように正式な組織ではなく、外国や香港のマスコミが名づけたもので、本人たちが名乗っているわけではない。

しかも習と薄の両親とも副首相まで上り詰めた実力者だ。両家とも中南海に居を構えたことがあり、名家中の名家だ。

なぜ、習が「盟友」とみられていた薄の責任追及に同意したのか。

二人の烈々たる対立の深層は後章に譲るとして、ここでは直接的な契機となった、党の支配の根本を揺るがしかねない「ある疑惑」を記すにとどめておきたい。

紅線電話《ホンシエン》——。

中国共産党の内部でこう呼ばれる専用電話がある。受話器が赤いことからこう名付けられた。2014年の年末に習が執務室から国民向けに演説するのを放送したテレビ番組の中で、机の上の右側に2台のダイヤル式の「紅線電話」が映っているのが見える。

この電話は、党や政府の次官級以上の高官のほか、国有企業の社長、党機関紙幹部ら数百人の執務室をつなぐ。特殊な暗号システムが使われ、重要な指示や機密情報のほとんどが、この回線を通じて伝えられるという。

党中央弁公庁が12年4月11日付で党や政府の幹部向けに事件の概要を説明した内部通知を見ることができた、ある国有企業幹部はその内容の一端を明かしてくれた。

「薄熙来が紅線電話を盗聴していたのです。党の指示を末端まで届ける血液のように重要な生命線を侵害したなんて信じられない裏切り行為ですよ。しかも内部文書には、習近平氏を含めた複数の常務委員を対象にしていたと書かれていました。おそらく常務委員会入りを目指していた薄熙来は、上層部の人事情報などを探る狙いがあったんでしょう」

実際に盗聴をしたと疑われているのが、王立軍だった。王は遼寧省鉄嶺市公安局にいた1990年代後半から、盗聴技術に精通していたといわれる。北京郵電大学で、インターネットや電話技術を専門とする兼任教授の職も持つ。同大は紅線電話の開発や管理にかかわっているとされ、王がそこで何らかの盗聴技術を習得した可能性がある。

中国当局が12年9月5日に発表した王の起訴状には、「正式な手続きを経ずに『技術捜査措置』を用いた」という起訴事実が記されていた。

「技術捜査措置」とは、中国の刑事訴訟法で、捜査において電話や会話の盗聴、隠し撮りをすることを意味する。「事前に許可を得なければならない」と定められている。

起訴状や判決文には、それ以上のことは書かれていない。だが、関係者の証言を合わせると、薄の命を受けて王が紅線電話の盗聴をしていたとみて間違いないだろう。

党の規定において、違法な盗聴行為は最も重い罪の一つだ。毛沢東は文化大革命（文革）の時、「自分が乗っている専用列車を盗聴した」として、党高官を解任したこともある。党内では重大な反逆行為ととらえられている。

胡は常務委員会議で正式に専門調査チームを立ち上げることを決め、薄本人やその周辺を本格的に調べ始めた。その後の処理は、あらかじめ周到な用意をしていたかと思わせるほどすばやかった。

カナダからキーマンを強制送還

「いまだに文化大革命の誤りと封建的な問題が完全には取り除かれていない。改革が挫折すれば、文革の悲劇がまた繰り返される」

薄熙来に対する本格的な調査が始まった約1カ月後の12年3月14日、記者会見をした温家宝のいつもよりも甲高く力の入った声が人民大会堂のホールに響き渡った。

これまで100を超える中国当局の記者会見に出席してきたが、初めて文革という言葉を耳にした。今でもデリケートな単語を首相が持ち出したことで、数百人の記者が詰めかけた会場は水を打ったように静まりかえった。温による薄の批判にほかならなかった。

翌15日、薄の重慶市共産党委員会書記職の解任が発表された。

4月10日には、政治局員と中央委員の職務を停止。あわせて薄の妻が知人の英国人実業家を殺害した疑いがあることも明らかにした。現役党高官の妻による殺人事件という異例の事態となった。このことで薄は最高指導部の常務委員会入りを目前にし、失脚が決まった。

あわせて胡は、江沢民派の高官の切り崩しも進めた。

まず江と最も関係が近かった序列4位の賈慶林《チアチンリン》に照準を絞った。

賈が約40年前、勤務していた第一機械工業省（当時）の上司が江だった。江の後押しを受けて、順調に出世の階段を上がっていた。

ところが、トップを務めていた福建省のアモイ市で国有貿易会社をめぐる密輸事件が起きた。密輸に便宜を図った収賄側の公安省次官ら少なくとも10人が、死刑判決を受け、「建国以来、最大の密輸・汚職事件」として中国社会を揺るがせた。

国有企業幹部だった賈の妻が、主犯格の国有貿易会社社長の男と親密な関係にあったとされ、事件への関与が疑われていた。この男は香港誌のインタビューに対し、賈本人にも「贈り物をしたことがある」と語っている。

この男は１９９９年、カナダに逃げた。党関係者によれば、賈は妻と離婚し、事件への関与も追及されないまま、うやむやになった。その後、第16回党大会（２００２年）で、常務委員まで上り詰めた。ほとんどの人が事件はお蔵入りしたと思っていた２０１１年夏、12年ぶりにこの男の身柄がカナダから中国に引き渡されることになった。

その背景について党高官を親族に持つ中国政府関係者は説明する。

「中国政府はあらゆる外交ルートを使って、この男の身柄を引き渡すようにカナダ政府に迫っていたのだが、カナダ側がこれを拒んでいたんだ。帰国させたら死刑になる可能性があったからだろう」

しかし、胡は10年にカナダを訪れた際、「犯罪取り締まり協力に関する覚書」をカナダ政府と結び、改めて男の引き渡しを強く求めた。それほど無理をしてでも、手に入れたい身柄だった。

男は帰国後、逮捕・起訴され、12年5月に無期懲役の判決が言い渡されている。密輸額２７３億元（約４９００億円）、脱税額約１４０億元（約２５００億円）。国の幹部ら64人に不動産、車などを贈ったと認定された。そこには賈の名前はなかったが、胡にとっては、賈を揺さぶるには十分な材料だった。

さらに胡は、江が抜擢した序列9位の周《チョウ》永康《ヨンカン》も揺さぶった。党中央政法委員会の書記も務め、警察と司法機関を束ねる実力者である。薄の後ろ盾でもあり、彼を最後の最後まで擁護してきた。胡は、薄事件の専門調査チームに周の関与についても調査するように指示した。周のかつての部下や親族の汚職事件の身辺捜査を始めた。

江に近いほかの高官の親族の不正蓄財や汚職についても捜査をしている。

「18回党大会は胡の圧勝で決まった」

党関係者のほぼ一致した見方となった。

北戴河の「夏の陣」

２０１２年8月15日昼前、朝日新聞中国総局のオフィスが面した長安街から、行き交う車の姿が消えた。長安街は北京市内を東西に貫く大通りで、中南海や天安門広場にも面している。北京を訪れた外国要人の車両が通る際、車線の一部が閉鎖されることはよくあった。ただ、全車線が通行止めになることは珍しかった。

しばらくすると、サイレンをつけた武装警察のパトカーに先導された車列がやってきた。わずか1分足らずで、数十台の黒塗りの高級車や大型バスが猛スピードで天安門に向かって走り抜けた。

警備をしていた北京市公安局関係者が「北戴河から帰ってきた高官の車両だ」と教えてくれた。

北戴河とは、北京から東へ約300キロ離れた河北省の渤海を望む街のことだ。毎年夏になると、歴代の高官らが集まる避暑地として知られている。

松林に覆われたのどかな雰囲気とは裏腹に、連日、大小さまざまな会議が開かれ、重要政策や人事についてひそかに話し合われる。「北戴河会議」と関係者の間では呼ばれている。ただその内容が表に出ることはなかった。開かれたことすら公表されない「秘密会議」だった。

北戴河会議は、毛沢東時代の1950年代から続けられている。鄧小平は会議の目的について「我々はふだん忙しいので、夏は海辺で心身を休める制度を始めた」と、日本の要人に語ったことがある。

会議には、引退した党高官も出席できる。彼らにとっては、重要な政策や人事に口出しして影響力を発揮できる唯一の場でもあるのだ。

２００２年の第16回党大会で総書記になった胡錦濤が翌年から、会議を中止した。密室会議を廃止することで、党の透明性をアピールしようとした、というのが公の説明だった。

しかし、前出の中国政府関係者が真相を語る。

「そんなのウソに決まっているだろう。本当は、胡錦濤が江沢民に発言の場を与えないために廃止にしたんだ。でも、江らが猛反発して４年後にはまた復活させたんだ」

第18回党大会を控えた２０１２年の会議の課題は、新しく生まれる習近平体制の指導部人事だった。

会議出席者に接触できる複数の党関係者の証言を組み合わせると、おぼろげながらその中身が見えてきた。

北戴河会議には、党中枢の高官数百人が参加した。このうち最も重要な新指導部人事については、25人の政治局員と、約30人の引退した元党高官だけが出席できる「予備会議」で討論された。それまで重病説が流れていた江も姿を見せた。

最初の議題は、薄熙来の最終処分だった。専門調査チームの調査の結果、妻による殺人事件のほか、薄本人も多額の汚職や職権乱用の容疑があることがわかった。

元党高官を親族に持つ党関係者が会議の様子を教えてくれた。

「胡錦濤から薄煕来の調査結果の報告を受けた江沢民は、その処分に猛反発したそうだ。江は薄の最大の後ろ盾だからな。でも、胡は聞く耳を持たず、薄の党籍剝奪《はくだつ》と刑事処分を押し切ったんだ。会議は終始、胡のペースで進んでいたそうだ」

18回党大会で発足する新しい政治局常務委員のポスト数についても話し合われた。元々ポストは7だったが、江が総書記を引退した2002年の16回党大会で9人に増やした。江が「院政」をしやすくするため、自分と関係が近い高官を多くねじ込むためだった。

胡は元の7人に戻すことを主張し、新たな人事案を提出した。人事案は、胡の出身母体である共青団の第1書記を務めた李克強副首相を首相に昇格させ、李源潮・党中央組織部長も国家副主席に抜擢する内容だった。関係が近かった汪洋《ワンヤン》・広東省書記も常務委員に名を連ねていた。

明らかに胡に有利な案と言えた。しかし胡に弱みを握られてしまった江と関係が近い高官からは異論の声は出なかった。

すべてがうまくいくかと思われたその時、江がちゃぶ台返しに出る。

使途不明金は「息子のフェラーリ購入」にも使われた

「私から若干の問題提起をしたい」

それまで黙って議論を聞いていた江沢民が、発言を求めた。ある高官を名指しして、批判を始めた。

令《リン》計《チー》画《ホワ》。共産党の中央弁公庁主任を務めていた。総書記の秘書役で、日本の内閣官房長官にも例えられる要職だ。これまでも温家宝ら実力者が務めてきた。

令は、内陸部にある山西省の農村出身だ。父は共産党員で、製薬会社の工場長をしていた。５人の子は、方針、路線、政策、計画、完成と名付けられた。いずれも党の政治用語だ。

地元の共青団から中央に抜擢された。共青団の幹部だった胡の目にとまり、中央弁公庁入り。胡の「側近中の側近」で、ほとんどの公務や外遊に同行していた。18回党大会では、政治局員への昇格が確実視されてもいた。

党内でも、胡の忠実な部下であり、まじめな能吏として知られていた。ある国有企業幹部は２００８年、令や数人の企業幹部らとともに、食事をしたときのことを鮮明に覚えている。

「令計画さんや部下を北京市郊外にある社交クラブに連れていきました。会員制で、レストランやサウナから高級クラブまで兼ね備えています。食事を終えて高級クラブに行こうとすると、令さんだけは疲れているからとマッサージに行きました。代金の８００元（１万４千円）を私が払おうとしたら、『自分で払うから』と断られたんです。これまで数え切れないほどの高官を接待してきましたが、こんな人は見たことがありません」

腐敗がはびこっている党高官の中で、自腹で費用を負担することは珍しいことだったからだ。

江が問題視したのは、12年３月に北京市内の環状道路で起きた事故だった。１台の黒いフェラーリが陸橋に激突して大破、運転していた男性が即死した。二人の女性も乗っており、一人は死亡し、もう一人も大けがをした。

駆けつけた北京市公安局の捜査員が調べたところ、運転手の男性が、令の息子であることがわかった。

事件に詳しい中国の警察関係者が語る。

「令計画氏の長男はこの時、北京大学に在籍していました。あまり学業には熱心ではなく、派手な女性付き合いをしていたと聞いています。同乗の２人は、近くの中央民族大学に通うチベット族の女子大生で、２人は発見された時、ほぼ全裸に近い状態でした」

しばらくすると、中南海を警護する特殊部隊、中央警衛局の部隊が現場に割って入り、事故車両を回収し始めた。事故を調べていた警察官に口止めをし、その場を立ち去った。だが、このことは、すぐに北京市トップを務めたことがある賈慶林を通じて、江にも伝えられた。江は会議の席で、総書記の安全を守るべき中国版「シークレットサービス」である特殊部隊を令が私的に使ったことを批判した。500万元（9千万円）は下らないフェラーリのお金の出どころについても疑問視した。

オセロゲームのような大逆転劇が始まった。それまで胡ペースで進んでいた会議の流れは反転。それまで黙っていた常務委員やほかの長老は雪崩を打つように江の意見に同調し始めた。上司としての胡の監督責任についても問題視する意見すら出てきた。

決まりかけていた新指導部の人事案も白紙になった。それどころか、肝心の党大会の日程すら決めることができなかった。

北戴河から北京に戻った胡は、「懐刀」の不祥事の対応に追われる。

内部調査をしたところ、令の妻をめぐり資金面の問題があることがわかった。妻も、共青団幹部を務めていた。2010年、若者の起業を支援する目的で基金を立ち上げ、副理事長に就いた。基金の立ち上げに協力したことがある政府系シンクタンク関係者の証言によると、寄付額に応じた「特典」を用意されていたという。

100万元（1800万円）↓令のサイン入りの色紙を贈呈
1千万元（1億8千万円）↓令も同席する食事会に招待
1億元（18億円）↓中南海にある令の執務室で記念写真

夫の地位を使った寄付金集めだった。中国の会社経営者にとって、「党トップの最側近に会える」というのは魅力的なことである。ＩＴ企業や電機メーカーなどが競うように募金をし、2年余りで約5億元（90億円）を集めた。

内部調査で、このうちの一部の資金が行方不明になっていることがわかった。「息子のフェラーリ購入に使われた」と話す捜査関係者もいる。

不祥事はこれだけに終わらなかった。

中南海に出入りすることができる中国政府当局者が、概要を語ってくれた。

「実は令計画が薄熙来の事件に関与していた疑いが浮上したんだ。薄が部下の王立軍にやらせていた『紅線電話』の盗聴に令が協力していたようだ。実は、令が務めた中央弁公庁主任は、中南海を管理する最高責任者で、紅線電話の保守や管理も担っていたんだ。令の協力がなければ、機密性が高いこの回線を盗聴することはできない」

令の行為は、胡に対する明らかな裏切りと言えた。

胡は、江との権力闘争に競り勝つため、ぎりぎりのところで側近の薄を失脚に追い込んだ。

その事件の専門調査チームを率いてきたのが、令だった。調査責任者が、裏では容疑者とつながっていたことになる。

共産党の権力闘争では、腹心を追い落とすことで、本人に揺さぶりをかけることが繰り返されてきた。胡と江の争いは、まさに互いの側近に対して攻撃を繰り返す血みどろの闘いを展開していた。

ではなぜ、令が薄に協力したのか。

詳しい説明は後章に譲るが、この事件は共産党を揺るがしかねない大スキャンダルに発展することになる。

北戴河会議からわずか半月後の9月1日、令は中央弁公庁主任の職を解かれ、格下の党統一戦線工作部長になった。歴代の主任が政治局員に昇進していることを考えれば、明らかな左遷人事だった。

後任には、習近平と地方勤務時代からつきあいがある栗戦書《リージャンシュー》・貴州省党委書記が就いた。総書記に就任する前から、中央弁公庁主任を先に決めるのは異例のことだった。

腹心を失った胡は、急速に求心力を落とし、党内は混乱状態となった。

これまでの党大会はほとんど9月か10月に開かれていた。しかし、9月に入っても日程が決まらず、全国から来る約2300人の党代表のため、10月中旬に貸し切り予約していた北京市内の主要ホテルもキャンセルとなった。

こうした上層部の非常事態を取り繕うかのように、国営メディアはスケジュール通り、党大会に向けて雰囲気を盛り上げるため、共産党の輝かしい業績や役割について強調する特集番組や記事を流し始めた。

「長老政治」の終焉

側近の不祥事に揺れた胡錦濤指導部は、9月28日の政治局会議でようやく18回党大会の開催日を決めた。例年よりも1カ月ほど遅い発表となった。

しかも開催は11月8日。江沢民が胡に総書記のポストを譲った2002年の第16回党大会と並んで最も遅い。この時は、江が10月末に訪米することになっており、これに合わせてわざわざ開催を遅らせていた事情があった。

明らかな異常事態と言えた。次期最高指導部人事がもめていることを示していた。胡と江の暗闘は水面下で繰り広げられていたのだ。

これを裏付けるように、一時は「死亡説」まで流れた江沢民の動静が約1年ぶりに伝えられた。

9月下旬に夫人や側近とともに北京で歌劇を鑑賞したことが報じられた。10月に入ると、古巣の上海にある海洋大学幹部と面会した。

引退した党高官の活動が相次いで報道されることは珍しかった。

党内は混迷を極めたまま、党大会は開幕日当日を迎えた。


私は会場の人民大会堂の3階に設けられた記者席の最前列に座り、高官らが出てくるのを待った。

党大会や全国人民代表大会（全人代）といった会議は、党高官をじかで見ることができる貴重なチャンスだ。

毎回、双眼鏡をのぞき込んで、高官のしぐさを観察している。演説を聞きながら原稿のどの部分に線を引いているのか。どの高官と雑談をしているのか。時には口の動きから会話を読み取ることもある。

ひな壇には高官らが続々と上がってきた。胡錦濤と並んで登場したのは江沢民だった。会場からは「オー」というどよめきが上がった。1年前の公式行事に出席した時は、付添人に支えられながらヨボヨボと歩いていた。今回は、出席者と握手しながら一人で胸を張って歩いている。

　本来ならば胡にとって最後の花道となる党大会だ。江は、「私が今でもトップだ」と見せつけて、胡の花道をつぶしているようにも感じた。最前列の真ん中に用意された座席までたどり着くと、胡は、座ろうとする江に手を差し伸べようとした。すると江はそれを払うように右手を大きく振って断るようなしぐさをした。

　いつもは舞台上では仲むつまじさをアピールしているが、今回は違った。「指導部人事をめぐってまだ激しい駆け引きが続いている」。そう感じずにはいられなかった。

　最前列のひな壇の両端に目をやると、軍服を着た四人の軍高官が座っていた。軍を統括する党中央軍事委員会の副主席で、政治局員でもある郭伯雄《グオボーション》と徐才厚《シュイツァイホウ》に加え、その1週間前に閉幕した第17期中央委員会第7回全体会議（7中全会）で軍事委副主席に選ばれたばかりの范長竜《ファンチャンロン》、許其亮《シューチーリヤン》の二人が居並んでいた。

　郭と徐は今回の党大会で引退し、それを待って後任の二人の副主席が選ばれるのが恒例だ。四人が並び立つことになった理由について、先述の元党高官を親族に持つ中国政府関係者が明かす。

「郭伯雄と徐才厚が引退を拒んだんだよ。江沢民にべったりだった二人は、総書記引退後も軍事委主席に残ろうと画策していた胡錦濤に圧力をかけたんだ。『もしあなたが軍トップにとどまるのならば、俺たちも辞めないぞ』という姿勢を示すことで、胡に引退を迫ったんだよ。これに対して胡は異例の前倒しという形で、自らに近い許其亮と范長竜を副主席に押し込んで、居座りを決める二人を引退に追いこもうとしたわけだ」

江は、さらに党最高指導部人事でも巻き返しに出た。この政府関係者が続ける。

「夏の北戴河会議で胡錦濤側が示した人事案を承認せずに撤回に追い込んだんだ。代わりに人事案にはなかった張徳江《チャントーチアン》・重慶市党委書記、劉雲山《リウユンシャン》・党中央宣伝部長、張高麗《チャンカオリー》・天津市党委書記の3人を新たに常務委員にねじ込んだ。7人のうち胡に近いのは、李克強ただ一人になってしまったんだ」

最初の人事案では、胡直系が過半数を占める勢いだったが、胡の敗北は濃厚となった。追い込まれた胡が選んだのが、すべてのポストから退く「完全引退」だった。対立を深めていた次期指導部人事をまとめ、混乱を極めた事態を収めるのには、やむを得ない選択と言えた。

党大会が閉幕した翌日の11月15日、習を総書記とする新指導部が選出された。胡は、軍事委主席を含めたすべてのポストを習に譲り、政界から完全に退くことが決まった。

「率先して党指導者の地位を譲ったことは、胡錦濤指導部の高尚な品格と節操を示すものだ」

習は、満面の笑みで職を引き継ぎ、引退した胡を最大級のほめ言葉で持ち上げた。この会議には、ほとんどの引退した党高官が出席したが、江の姿はなかった。江による10年間にわたる院政に終止符が打たれた瞬間でもあった。同時に、新中国の成立から半世紀以上にわたって中国政界にはびこってきた「長老政治」が終わったことも意味していた。

毛沢東は失脚後の1966年、復活を図って文化大革命を起こした。「紅衛兵」と呼ばれる青少年組織をあおって、当時の党高官や知識人を迫害して、実権を取り戻した。10年間にわたり社会や経済が混乱した。

鄧小平は、引退後も最高指導者として君臨し、総書記を超える影響力を持ってきた。長年にわたり、制度や法律を超えた「人治」による支配が続けられてきた。

胡に近い共青団出身の元党幹部は、胡の完全引退について「真の法治国家へと変革させる偉業だったと後世に評価されるだろう」と評価する。

習指導部は、長老による干渉を受けずに政権を運営できるような制度となった。最高実力者だった鄧小平の影におびえていた江。その江の「院政」にがんじがらめになっていた胡の2代の政権とは異なる本格政権とみることもできる。

２０１３年1月、元軍高官の葬儀の様子を伝えた国営通信社は、江の名前を12番目に紹介した。序列がこれまでの「１・５位」から降格したことについて、江が「自ら願い出た」と説明した。その上で、習が胡を称賛した「高尚な品格」という言葉をわざわざここでも使った。

同年3月17日にあった全国人民代表大会（全人代）の閉幕式で、胡は最後に残っていた国家主席のポストを習に譲り渡し、完全引退した。

名実ともに党、国家、軍のトップとなった習は自らが打ち出したスローガン「中国の夢」を繰り返し、民族主義をあおる熱弁を振るった。

その横に座って聞く胡は終始、硬い表情を崩さなかった。目がうつろ気味で顔色もいつもより悪く見えた。胡は党大会後、体調を崩したという情報があった。任期を全うした達成感というよりは、江との闘いに身も心もすり減らすほど疲れ切っていたのかもしれない。

習近平は、江と胡との壮絶な争いの末に誕生した。

一方、権力闘争の余波は、海を渡って日本にも及ぶことになった。

日本の野田政権は二転三転する中国政府に踊らされるように、尖閣諸島問題という泥沼にはまりこんでいく。

第五章

反日狂騒曲

AP/AFLO

尖閣国有化発表後、怒濤のような反日デモが全土で繰り広げられた（中国・上海）

原子爆弾並みの破壊力

中国で激しい政争が繰り広げられていた2012年9月上旬。一人の中国外務省高官が羽田空港に降りたった。通訳ら数人の部下だけを連れた極秘訪問だった。

その数日前、突然、訪日を日本側に打診してきた。もともとの計画にはない「押しかけ」訪問に近かった。

中国外務省幹部によると、この高官は日本外務省幹部と会うなり、強い口調で申し入れをした。

「もし日本政府が手続きを進めれば、中国人民の怒りが火山のように爆発する。中日関係に対する破壊力は原子爆弾にも劣らない」

日本政府が進めていた尖閣諸島（沖縄県石垣市）の国有化に対する抗議だった。東京都知事の石原慎太郎がその年の4月に米ワシントンの講演で、都が尖閣諸島を買い上げ、港湾施設や船だまりをつくることを表明していた。対中関係の悪化を懸念した野田政権が、北小島、南小島、魚釣島を購入するため、埼玉県在住の3島の所有者との交渉が大詰めを迎えていた。

外交の場で、被爆国に対して原爆のたとえを持ち出すというのは、通常では考えられないことだ。

高官の口調はさらに過熱する。

「ここで琉球（沖縄）の帰属問題を提起したい」

あらかじめ言っておくと、一部の中国人研究者には、「明から清朝にかけて中国の属国だった琉球王国を、明治政府が廃藩置県で沖縄県として編入したことは、武力で琉球を取り込んだに等しい」という主張がある。中国メディアやインターネットに沖縄「奪還」論すら出ている。

しかし、中国政府は公式見解では、沖縄県は日本の一部であることを認めている。この高官が政府見解から外れた主張をすることは、外交官として常軌を逸していた。

高官は、日本側には発言の機会をほとんど与えず、約30分間にわたり一方的に批判を繰り返した。

高官の名は、張志軍《チャンジーチュン》。中国外相に次ぐ筆頭外務次官だ。

実はその3カ月前にも張は日本を訪れていた。このときはまるで別人のように穏やかな会談だった。

6月11日、山梨県の山中湖畔のホテルの会議室。張はテーブルをはさんで、日本の外務事務次官の佐々江賢一郎と向き合っていた。

定例の日中外務次官級の戦略対話での一幕だ。話題のほとんどが、2ケ月前に東京都が購入を発表したことに端を発する尖閣問題についてだった。

張志軍「中日友好を損なうことは断固阻止し、中日関係の大局を的確に守るべきだ」

佐々江「尖閣の平穏かつ安定的な維持・管理が重要だ」

お互いの主張は、このようなものだったが、決して対立していたわけではない。対中政策にかかわる日本政府関係者は振り返る。

「会談は大変和やかな雰囲気だったと聞いています。国有化については『東京都が購入するより、両国関係への悪影響は抑えられる』としっかり伝えています。この席で中国側からは反対意見は出ておらず、一定の理解を示してくれたようでした」

張は会談後、日本側出席者との会席料理に舌鼓を打ち、温泉も楽しんで帰国していった。先ほどの日本政府関係者は、この時の中国側の反応を見て、尖閣の国有化に対する姿勢をこう読み取った。

「中国外務省もこの段階では、日本政府による国有化に対する態度を決めかねていたんだと思います。むしろ、張志軍氏の発言には、対中強硬派の石原慎太郎氏率いる東京都よりは日本政府が買う方がまだ良いかもしれない、と考えていたふしすらうかがえました」

山中湖での戦略対話の後も、中国側の反応は穏やかと言えた。

この対話の約2カ月後の8月15日、香港の活動家団体「香港保釣（釣魚島防衛）行動委員会」のメンバーらが、魚釣島に上陸する事件が起きた。日本政府がメンバーら14人を出入国管理法違反容疑で逮捕したが、送検せずに強制送還した。中国人船長を公務執行妨害の疑いで逮捕・送検した10年9月の漁船衝突事件の時と比べると、それほど中国政府は激しい抗議の声を上げなかった。

しかし、その一カ月後の9月の訪日で、日本政府関係者は、張の対応が3カ月前の戦略対話の時と比べて「別人かと思えるほどの変わりようだった」と驚くことになる。

このように張志軍の対応を見てみると、中国内で尖閣問題への対応をめぐり大きな方針転換があったのが、8月下旬から9月上旬までの間だったことがわかる。

この間、中国共産党・政府の中でどのような政策決定がなされたのだろうか。

中国版NSCの決定

共産党で外交に携わる関係者の一人は、ある組織がかかわっていた、と証言する。

「党中央外事工作指導小組《しょうそ》」——。

小組の顔ぶれは、公にされていない。この関係者が小組の仕組みについて教えてくれた。
「外交、商務、公安などの各省庁のトップのほか、軍からは副総参謀長が参加している。外相もメンバーの一人に過ぎない。組長は、総書記が就くのが原則だが、この時すでに胡錦濤氏に替わって習近平氏が就任し、外交政策をとりしきっていたのだ」

小組が今の形になったのは、1999年のユーゴスラビアでの中国大使館誤爆事件とされる。外務省と軍との連携がとれずに、対応が後手になった。党が一元化して外交をとりまとめる必要に迫られたため、党総書記がトップに立ち、各省を束ねる今の形となった。モデルは米国の国家安全保障会議（ＮＳＣ）と言われる。

不定期に開かれており、各部門からの情勢分析や政策提案を吸い上げ、外交政策を練り上げる。「真の外務省」（政府系シンクタンク研究員）とも言われている。中国外務省は、この小組が決めたことに従って、交渉や段取りをする執行機関に近く、日本の外務省と比べると、権限は小さい。

小組は、国際会議での外国首脳との会談や、訪中した外国要人と対応する中国高官についてまで決める権限をも持っている。高官による外国要人との会談や接触については、小組が決めた上で常務委員会の承認を得る仕組みになっている。たとえ党トップの総書記、胡錦濤であっても小組の決定に従うことになっている。

尖閣国有化をめぐる対応を決めたのも、この小組だった可能性が高い。

先述の関係者は、こう語る。

「中国外務省は9月上旬、東京都に釣魚島（尖閣諸島）を買わせないために、日本政府による『国有化』を消極的ながら認める案を小組に提案したんだ。ところが、軍を中心に猛反発にあって取り下げざるを得なくなった。結局、『我が国の主権と領土の問題でいかなる妥協もしない』という案に変更し、組長の習近平氏が了承したのだ」

この話を聞くと、冒頭の張志軍が態度を豹変させ、慌てて訪日して猛抗議をした理由が理解できる。尖閣国有化を渋々認めていた中国外務省に対し、軍の意向を受けた習近平率いる小組が待ったをかけたのだ。

確かに軍は当初から、国有化に強く反発していたふしがうかがえる。石原が東京都による尖閣購入を表明した直後に、軍事作戦の策定に携わったことのある軍シンクタンク研究者に国有化について尋ねると、こう即答した。

「もし日本が実行すれば、戦争も辞さない」

日本側と対話する姿勢を見せていた中国外務省と違って、軍は強硬姿勢を貫いていた。

ただし、後述するように党きっての親日派として知られる胡の立ち位置は、中国外務省と近いものだった。

さらにこの時点では、日本との関係改善にわずかな期待を残していたようだ。

「日本に裏切られた」と激怒

ロシア・ウラジオストク。2012年9月9日。アジア太平洋経済協力会議（APEC）が開かれている会場の片隅で、首相の野田佳彦と中国国家主席の胡錦濤が向き合った。前出の日本政府関係者が、舞台裏を明かす。

「APEC期間中、中国と首脳会談をする予定はありませんでした。尖閣の国有化決定を控えており、中国側も会いたくないだろうと思っていたからです。だから、あえて中国語の通訳を連れていかなかった。もし1%でも可能性があったら同行させますから。野田首相と胡錦濤主席は会議場で急遽、外交記録に残らない『立ち話』という形で会うことになったのです」

双方とも英語の通訳を通じてやりとりすることになった。

「立ち話」の間、胡は終始、険しい表情を崩さなかった。野田はその直前に中国・雲南省で起きた地震への見舞いを伝えた。しかし、胡は野田の発言を遮るように、

「日本のいかなる『島購入』も違法かつ無効だ。日本は事態の重大性を十分認識し、間違った決定をすべきではない」

と、抗議した。

約15分間、胡は日本政府の対応をほぼ一方的に批判し続けた。先述の張志軍による抗議と似ている。

野田は「日中関係には大局的な観点から対応したい」と答えたものの、議論がかみ合わないままだった。

このことを報じる中国国営メディアを見ても、中国政府も十分な準備をしていなかったことがうかがえる。

国営新華社通信は会談後、「日本のいかなる『島購入』も違法かつ無効」という見出しで、胡が野田に対し、厳しく国有化に抗議した内容を紹介していた。その約30分後、新華社が突然、記事の取り消しを連絡してきた。差し替えた記事は、

「胡錦濤、中日関係と釣魚島問題についての立場を表明」

という抑えたトーンに変わり、胡が野田に抗議した部分が削除されていた。ところがその日の夜になって、取り消された記事が再び復活して配信された。

これまで見たことのないちぐはぐな報道ぶりだった。

首脳の外遊の記事は、同行している中国外務省報道局幹部が草稿を書いて、国営メディア記者に渡している。記者は一字一句を変えることも許されていない。報道のぶれは中国政府の姿勢をそのまま映し出していた。この段階でも中国政府が国有化に対する見解をまだ固め切れていなかった可能性が高い。

しかし、こうした胡の抗議は、日本政府に何ら事態の解決を促せなかった。日本政府は予定通り、翌10日に関係閣僚会合を開いて国有化を決定し、11日に移転登記をした。

中国側高官はこれに強く反発した。首相の温家宝は、

「政府と人民は主権と領土問題について半歩たりとも譲らない」

と日本との対決姿勢を打ち出した。中でも強い表現で批判したのは、胡の直系の副首相、李克強だ。

「日本の釣魚島（尖閣）問題での立場は、世界反ファシズム戦争の成果を否定するものであり、戦後の国際秩序に対する挑発である。平和を愛し、正義を持つ国と人民は、これを認めることができない」

尖閣を歴史問題と結びつけた初めての演説であり、第2次大戦後の日本の戦後処理にからめている。しかし、敗戦直後の台湾接収では、当時の中華民国政府は尖閣の引き渡しを求め

ていなかった。中華人民共和国として領有の主張を始めたのは、それから20年以上もたってからのことだ。尖閣を日本の侵略や植民地支配と絡めて国際世論を取り込もうとする狙いが透けて見える。

中国政府は連日のように尖閣周辺に監視船や航空機を派遣するようになった。首脳を含む政府間の交流もほぼ止まった。

北京の人民大会堂で12年9月27日に開く予定だった日中国交正常化40周年の公式記念式典も中止となった。式典は１９７２年の日中国交正常化を祝う行事で、節目の年に開かれてきた。

小泉純一郎首相の靖国神社参拝で日中関係が悪化した２００２年の30周年の際にも開催され、国家副主席になったばかりの胡錦濤が出席していた。両国関係は悪化していたが、胡が水面下で日本側と調整し、実現にこぎ着けていた。

今回は違った。共産主義青年団（共青団）出身の党関係者は、中国の異例の強硬姿勢について説明する。

「日本政府の対応に最も激怒したのが、胡錦濤主席その人でした。これまで日本とは友好的な関係を築けてきた、という思いがあったのでしょう。日本側と直接話をすれば、少しでも事態を好転させることができるという期待があったのだと思います。主席と関係が近い温家宝、李克強の両氏が相次いで強硬発言をしたのも、その気持ちを受けたものだと推察します。もし日本が『国有化』のタイミングを少しでも遅らせるなどの配慮を見せれば、状況は変わっていたでしょう」

主に中国外務省を相手に交渉していた日本政府は、軍を含めた党や政府の全体状況をしっかりとつかみきれておらず、この時の混乱している中国の内政を読み誤っていたように思う。

というのも、複数の日本政府当局者が国有化を急ぐ理由として、

「習近平指導部が発足する前に尖閣問題を片付けておく」

と言っているのを耳にしたからだ。

野田政権は尖閣の地権者や石原都知事の動きなど、自国の事情ばかりに気をとられて、中国国内の激しい政争についての情報をつかみきれていなかったようにみえる。

ちょうどこの頃、胡は側近の令計画の不祥事の対応に追われていた。次期指導部人事をめぐる江沢民との権力闘争も激しくなっていた。

尖閣の国有化を認めれば、江ら強硬派から「売国奴」との批判にさらされかねない。しかも胡が野田に抗議した翌日に国有化が決められたことは、江にとって絶好の攻撃材料の一つにもなった。

対日重視の政策をとってきた胡錦濤が引退する直前での国有化は、多くの中国高官らの目

には、後足で砂をかけたように映った。徳や仁義を重んじる中国人が最も嫌う行為なのだ。

元党高官を親族に持つ党関係者が言う。

「胡錦濤は党内でも随一の『親日派』なんだ。だからこそ、直談判したにもかかわらず、日本政府がそれに応えなかったことに『裏切られた』と激怒したのだ。せめて、少しタイミングを遅らせるなどすれば、中国人が最も大切にするメンツは守られただろうに。日本政府がなぜ胡の顔に泥を塗るようなことをしたのか全く理解できない」

党内随一の親日派という言葉に偽りはない。

４年前、私が胡に取材した時のやりとりが脳裏に浮かんでくる。

胡錦濤から「あなたの記事をよく見ています」

古代ヨーロッパの宮殿を思わせるような白い柱が天井まで貫く吹き抜けの大広間にある白い扉が、ゆっくりと開いた。そろいの濃紺のスーツとエンジのネクタイ姿の一行が入ってきた。

北京、人民大会堂の「新疆の間」。17万平方メートルの床面積を誇る荘厳な建物内の３０

0室の中で、とりわけ豪華な部屋だ。天井はシャンデリアが飾られ、壁には一面に鏡が埋めこまれている。

2008年5月4日、訪日を控えていた胡錦濤が日本メディアの会見に応じることになった。総書記としては初の日本訪問で、中国元首としても1998年以来10年ぶりだ。

これまで国際会議の場で遠巻きに胡を見ることはあった。しかし、日本の首相のように直接質問できる「ぶら下がり」の機会はなかった。むしろメディアを遠ざけていたようで、就任してから中国メディアの取材を受けることも少なく、まして海外の報道機関の会見に応じることはほとんどなかった。ベールに包まれた最高指導者の生の言葉を引きだそうと、力が入っていた。

先頭を歩いてきた胡は、待っていた十数人の日本メディアの特派員と握手しながら入場してきた。最後の順番の私が手を差し出し、自己紹介をした。その手は冷たく、じっとりと湿っていた。

硬い表情が少し崩れ、笑みがこぼれた。

「あなたの記事をよく見ています」

意外な言葉に戸惑った。中国の最高指導者が日本の新聞記事を見ているとは思っていなかったからだ。その発言を聞いてあることを思い出した。

東京の中国大使館員は毎朝、日本メディアの記事をチェックしており、翻訳して中国の外務省に報告している。特に、中国政府を批判する記事や公式発表ではない独自報道が選ばれているという。

この年の初めに千葉、兵庫両県で中国製冷凍ギョーザを食べた計10人が中毒症状を訴えた事件が発生していた。これをめぐる中国政府の対応を批判する記事を私が書いていたのを思

胡錦濤の瞳の奥からは冷徹さがうかがえた
（左＝著者）

い出した。

おそらく胡が見ていたのもその一部なのだろう。大きな金縁めがねの向こうにある瞳は、厳しく冷たかった。

会見は張り詰めた空気の中で始まった。最初に私が、訪日の目的と、福田康夫首相との首脳会談では何を話し合いたいかについて尋ねた。

「今回の訪日は『暖かい春の旅』で、両国民の友情が常に春の暖かさのようにあるよう願っています。相互信頼を促進し、戦略的互恵関係をさらに推し進めていきたいと思います。福田首相との突っ込んだ意見交換を期待しており、必ず成果を上げられると信じています」

「暖かい春の旅」というキャッチフレーズは、周到に練られたものだった。ギョーザ事件やチベット問題で悪化していた日中関係を改善させたい、という意欲が感じられた。

特に両国が真っ向から対立していた東シナ海ガス田問題については、胡は「両国の外交当局が有益な協議を進めた結果、積極的な進展があった」というこれまでよりも踏み込んだ発言をした。

東シナ海では、資源開発ができる「排他的経済水域（ＥＥＺ）」が日中両国で重なっており、境界線について両国の意見が異なる。

日本は両国の海岸線から等距離をとった「中間線」までとしているが、中国は沖縄諸島の

西側まで張り出した大陸棚の末端（沖縄トラフ）までを主張し、「中間線」の存在を認めていない。

この「中間線」付近には、翌檜《あすなろ》（中国名・龍井）など４つのガス田が確認されており、中でも２００３年ごろに「白樺（中国名・春暁）」ガス田の開発を中国が始めたことに日本側が反発。04年から共同開発に向けて政府間で話し合いをしていたが、平行線のままだった。

胡の発言は、解決が近いことをにおわせていた。

これまで中国の指導者が事あるごとに非難してきた歴史問題については「異なる見方があるのは正常なことだ」とさらっと述べるだけだった。一方、日本と日本人に対する印象について尋ねられると、待っていたとばかりに指で眼鏡を押し上げ、身を乗り出して雄弁に語り始めた。

「中国でも放映されたテレビドラマ『おしん』の印象が深く残っています。多くの日本の友人との交流を通じて、日本国民の知恵や我慢強さに深い印象を受けました」

私の隣に座ってメモをとっていた楊潔篪《ヤンチエチー》外相は、少し驚いた様子で顔を上げ、胡を見つめていた。おそらく中国外務省側があらかじめ用意した原稿の中にはない表現が入っていたのだろう。ふだんの演説ではただ原稿を棒読みするだけの胡にしては、珍しいアドリブと言えた。

胡の口から、日本人に対する肯定的な意見が飛び出るとは思わなかった。抗日戦争で勝ったことを正統性の根拠とする中国共産党の高官が、公に日本を称賛することは自己否定にもつながりかねないからだ。中でも驚いたのは、共産党内でもタブー中のタブーとされる30年前にあった「日本の友人との交流」に触れたことだ。

「対日交流事業の責任者」という過去

胡錦濤は共青団トップだった１９８４年10月、中国建国35周年の記念式典に３千人の日本の青少年を中国に招く事業の責任者を務めた。すべての日程に同行し、途中で急病になった日本人参加者に付き添って看病したこともあった。

式典では、会場となった天安門広場にある党高官が観覧する特等席近くに、日本人参加者のために席を設けるほどの厚遇で迎えた。

この事業を進めたのが、当時の総書記、胡耀邦《フーヤオパン》だ。３千人もの招待には多額の費用がかかることから党内でも批判の声があったが、これを押し切って実現させた。

胡耀邦がいっさいを任せたのが、腹心である胡錦濤だった。甘粛省の水力発電所の技師から党中央委員に引き上げ、自分の出身母体である共青団のトップに抜擢した。胡耀邦のことを胡錦濤は「師匠」として仰ぐようになった。

ところが胡耀邦は改革や民主化を急いだことで、引退後も最高実力者として君臨していた鄧小平らの反発を招き、87年に辞任に追い込まれた。この時、個人の判断で訪中事業を進めたことが「浪費」として批判された。実際は、胡耀邦が引退した高官による政治への介入を排除しようとして、鄧らの反発を招いたことが失脚の原因と考えられている。

だが、表向きは、日本に肩入れし過ぎたことが「罪状」とされた。

この時、対日政策はリスクとして中国共産党員の胸に刻み込まれた。

「師匠」の失脚を目の当たりにし、その「罪状」にもかかわった胡錦濤には、大きなトラウマとなったのは容易に想像がつく。

にもかかわらず、訪日を控えた敏感な時期にあえて自分から「タブー」に言及した胡錦濤の真意を聴きたくなった。

会見後、少しだけ胡と雑談する時間があった。日本にいる間に楽しみにしていることを尋ねた。

「私の外国の友人の中で最も多いのが日本人です。滞在中、古い日本の友人たちと会うのを心から楽しみにしています」

ただのリップサービスには聞こえなかった。同席していた中国外務省幹部も驚いた様子で「主席の日本への思い入れは本物で、党内でも随一だ」と私の耳元でささやいた。

会見の様子は、中国国営テレビのトップニュースで約10分間報じられた。翌日の主要各紙も「暖かい春の旅にしたい」という胡の言葉を見出しに掲げた。中国国民に日中友好を促す内容となった。

このような友好ムードは、私が初めて中国大陸に足を踏み入れた２００５年夏には、考えられなかった。

当時は朝日新聞社から北京の中国人民大学に派遣され、１年間の研修を始めたばかりだった。ちょうどその年の春、日本の国連常任理事国入りや小泉純一郎首相の靖国神社参拝に反対する反日デモが中国各地で起きており、反日ムードが充満していた。

人民大はもともと党や政府の官僚を養成する学校で、学生たちは政治や外交に関心が高かった。授業中や食事中に日中関係や歴史問題について話題になることも少なくなかった。仲がいい友人でも、南京事件や尖閣諸島の話になると、感情をむき出しにして議論をふっかけてきた。

身内や親戚が日本軍に殺された人ならば、なおさら語気が強いのは言うまでもない。中国に来てから少なくとも公の場では、日本や日本人に肯定的な意見をほとんど聞いたことがなかった。

こうした中国内の反日ムードを和らげるため、胡錦濤は共産党トップ自らが旗を振って友好ムードを盛り上げようとしていることが伝わってきた。それは、日本との関係改善というリスクを伴う大勝負に出るための布石でもあった。

記者会見から2日後、羽田空港で専用機からタラップを降りてくる胡錦濤の表情は明らかにこわばって見えた。

間近で見た日本政府当局者は「これまで見たことがないほど緊張していた」と振り返る。中国内での反日世論や強硬派のことが頭によぎっていたのかもしれない。

胡は到着後、真っ先に都内のホテルの宴会場に向かった。待っているのは「古い友人」である3千人訪中団のメンバーたちだ。歌手の芹洋子や、『おしん』の子役を演じた女優、小林綾子の姿もあった。

芹とはわざわざ滞在先のホテルの自室で、夫人とともに会っている。芹が歌った「四季の歌」は中国でも流行し、胡は日本語で歌えるほどの大ファンなのだそうだ。

胡の世代の青年期は、ちょうど日本の歌謡曲や映画が大流行した時期と重なる。

首脳会談では、「歴史を直視し、未来に向かう」と記した日中共同声明を出した。1972年に国交正常化して以来、両国首脳が署名をした初めての声明となる。これまでの文書に盛り込まれてきた戦争や侵略に対する日本の「おわび」や「反省」は記されず、未来志向の内容となった。懸案だった東シナ海ガス田の共同開発についても「できるだけ早く合意する」と踏み込んだ。

早稲田大学での記念講演では、胡は歴史問題の代わりに日本政府による中国への援助について強調した。

「日本政府は中国に円借款協力を提供し、中国の近代化建設を促進する上で積極的な役割を果たしました。多くの日本の方々が中日友好事業のために心血を注がれたことを、中国人民は永遠に銘記していきます」

円借款とは、銀行よりも低い金利で資金を長期間にわたって貸す援助のことだ。日本は1979年以降、総額3兆円を超える円借款を中国に提供し、ダムや発電所などのインフラ整備にあててきた。北京の首都国際空港や地下鉄もその一部である。

ところが、そのことを知っている中国人はほとんどいない。日中戦争の賠償金を放棄した中国が日本から援助をもらうことは当たり前、という意識が中国政府内にはあり、積極的に公表してこなかったからだ。中国首脳も日本の要人との会談で持ち出すことはあまりなかった。

講演は、中国の国営テレビを通じて全土に放映された。多くの中国人は初めて、日本の援助による貢献について知らされることとなった。

胡錦濤指導部として、日本との新しい関係づくりに踏み出したことを内外に示した。このことは同時に、10年前に同じ場所で講演をした前任者への当てこすりの意味合いも暗に込められていた。

江が「歴史問題」にこだわる理由

10年前の1998年11月、江沢民は中国の国家元首として初めて日本を訪れた。

胡と同じく早稲田大学で講演した江は、歴史問題に絞り、日本に深く反省を迫った。

「日本軍国主義は全面的な対中国侵略戦争を起こし、中国は軍民合わせて3500万人が死傷し、6千億ドル以上の経済的損失を受けました。中日関係史に現れたあの不幸な出来事を直視し、その中から歴史的教訓を真にくみ取らなければなりません」

江は日本にいる間、首脳会談や記者会見の場で、繰り返し歴史問題を持ち出した。小渕恵三首相と交わした日中共同宣言にも署名をしなかった。

皇居での夕食会では天皇の前で、「日本軍国主義は対外侵略拡張の誤った道を歩み、中国人民とアジアのほかの国々の人民に大きな災難をもたらした」とわざわざ言及した。このことは、日本国民の反中感情を招く結果となった。

この時の訪日にかかわった中国政府当局者は、当時の舞台裏を振り返る。

「中国側が求めた侵略戦争への『おわび』を共同宣言に盛り込むことを、日本政府が拒否し続けたことに江主席が立腹されました。訪日直前、外交を担う担当者を交えた話し合いで、東京では雰囲気を犠牲にしてでも、歴史問題をとことん主張していく方針が決められたのです」

ちょうどその年の8月、江は各国にいる中国大使を集めた内部会議で、対日政策に関する方針について演説している。引退後に出された「江沢民文選」には、その一節が記されている。

「日本の軍国主義者は非常に残忍だ。戦後も日本の軍国主義はいまだ徹底的には清算されていない。日本には軍国主義思想で頭の中がいっぱいの者がいる。歴史問題を終始強調し、永遠に語っていかなくてはならない」

江の歴史問題へのこだわりと日本への強硬姿勢は、どこから来ているのだろうか。それは、彼の複雑な経歴を抜きには語ることはできない。

話は、中国共産党にとって最大の危機とも言える1989年の天安門事件にさかのぼる。

この年の4月、政治改革を進め市民の人気が高かった胡耀邦が死去したことを受け、北京の大学生が追悼集会を開いた。これをきっかけに民主化を求めるデモが天安門広場を中心に広がった。100万人規模に膨れあがった参加者を鎮圧するため、同6月4日、軍がデモ隊に発砲する惨事に発展した。

最高指導者の鄧小平は、最後まで武力鎮圧に反対してデモに同情的だった趙紫陽《ジャオズーヤン》を総書記から解任し、その後任に上海市トップの江を登用した。上海で民主化運動に厳しい態度で臨んだことが、評価された。

前任者の突然の失脚の後とはいえ、予想外の大抜擢と言えた。最も驚いたのは本人だったのかもしれない。就任直後に会見した知り合いの米国人学者に当時の心境を打ち明けている。

「私は長い間、食品、せっけん、自動車、電子工業などの仕事に携わってきており、中央での政治経験は少なかった。それが突然、総書記に指名されました。心の準備はできていませんでした」

総書記になる準備期間がなかった江は、党内の支持基盤をほとんど持たないままのスタートとなった。鄧小平ら長老の顔色をうかがいながら、党内運営をせざるを得なかった。

そのもろい基盤を固めようと、江が最初に手をつけたのが愛国主義教育だ。

「若者たちの共産党への忠誠心が足りないために天安門事件を引き起こした」という意見が保守派の長老を中心に広まっていた。江は早速その意見を採り入れ、翌90年から抗日戦争における共産党の役割を強調する教育を全国で展開した。日中戦争で日本軍を打ち破る共産党の軍を描くドラマを制作し、放映を促した。

歴史の授業以外でも中国近現代史の指導を強める指示を出し、全国で200を超える抗日戦争の記念館が「愛国主義教育基地」に指定された。

私も北京市郊外の中国人民抗日戦争記念館や、満州事変の発端となった柳条湖事件が1931年9月18日に起きた場所に立つ「9・18歴史博物館」（遼寧省瀋陽市）を訪れたことがある。

日本の侵略の残虐さに重点を置く内容で、日本軍兵士が中国人を斬りつけたり細菌を使った人体実験で殺したりするろう人形ばかりが展示されている。社会科見学で訪れる児童や学生も多かった。

「大人になったら兵隊になって、日本鬼子（日本人の蔑称）に復讐する」

「原子爆弾で東京を火の海にしよう」

出口に置かれている参観者の記帳ノートには、展示を見て反日感情が高ぶったとみられる若者たちによる書き込みが目立った。

党内では保守派を中心に愛国主義教育が支持されるようになり、江が求心力を高めていくようになった。

さらに愛国教育を進めたのは、個人的な体験とも深くかかわっていたようだ。

実父は旧日本軍の協力者だった

１９９５年8月に朝日新聞と会見した際、江沢民は日中戦争の時の自分の体験についてこう明かしている。

「当時、私は揚州の学生でしたが、日本の侵略者の罪行を見聞きし、大きなショックを受けました。クラスメートと共に、揚州市郊外にある民族の英雄、史可法《シーコーファー》の墓碑を見つめるたびに、抗日愛国の激情にかられ、革命闘争に身を投じようと決心しました」

江の故郷、揚州は江蘇省にあり、当時、日本軍に占領されていた。公表されている江の経歴を見ると、１９４３年から共産党の地下学生運動に参加したことになっている。江に関する伝記によると、叔父が戦時中に命を落としている。

これについて元党高官を親族に持つ党関係者は、疑問を投げかける。

「江が戦時中、抗日学生運動に参加していたことを示す記録は見つかっていないんだ。むしろ大学時代に日本語を勉強しており、日本には好意を持っていたと思う。それどころか実父は占領していた旧日本軍の協力者だった。その事実を隠すため、叔父の家の養子となったのだ」

江の伝記によると、養子入りした叔父は28歳のときに死亡している。ただ、旧日本軍ではなく、中国人の武装集団に殺害されているようだ。個人的な戦争体験だけが、江の対日観に影響を及ぼしたわけではなさそうだ。

むしろこの党関係者が言うように、江の日本語は、日常会話が十分にできるほどの水準だったようだ。会見した日本の要人の多くが、江の日本語を聞いたことがある。

上海万博の日本館長を務めた江原規由もその一人だ。開幕直前の２０１０年４月の内覧会で、日本館を見学に訪れた江沢民を案内している。江原がチーフエコノミストを務める国際貿易投資研究所の東京事務所を訪ねた。

――江沢民氏が日本館を訪れたきっかけは何だったのでしょうか。

その前に視察をした側近の曽培炎《ツォンペイエン》・元副首相が、江さんに薦めてくれたようです。

――江氏はどの展示に関心を持っていましたか。

日中交流の歴史を紹介した展示です。鑑真和上を紹介したところで足を止め、「私と同郷です」としみじみとおっしゃっていました。

――印象に残っているやりとりはありますか。

終始ご機嫌な様子で、「日本館は大変よろしい」と日本語でおっしゃいました。それと、突然日本語で歌い始めたのには、驚きました。

――何を歌ったのでしょうか。

中国のトップを務められた方があまりに唐突に歌われたことに驚いてはっきりと覚えていないのですが、「炭坑節」だったと思います。あと「もしもしカメよ」という唱歌だったと記憶しています。

――「日本嫌い」のイメージとは、ずいぶん異なりますね。

日本の生活や文化にずいぶん関心を持っておられるようでした。ほかにも曽慶紅《ツォンチンホン》（元国家副主席）さんといった江さんと関係が近いとされている高官が参観してくれました。

天皇の前で顔をしかめながら歴史問題をとうとうと説く人物が、「〽月が～出た出た～」と歌う姿はにわかに想像しがたい。目の当たりにした江原が、曲名を忘れてしまうほどの衝撃を受けたのも無理はない。

江沢民の「反日」は、日本への個人的な恨みだけでは説明がつかない。「旧日本軍の協力者の子」という不都合な事実を隠すため、日本にわざわざ厳しい態度をとっていた一面が浮かび上がる。

こうした江と重なって見えるのが、韓国の朴槿恵《パククネ》大統領だ。

実父、朴正熙《パクチョンヒ》元大統領が日本による植民地時代、「高木正雄」の日本名で日本の陸軍士官学校で学んだ経歴が、売国を意味する「親日行為」にあたるかどうかが、今でも韓国内で論争になっている。批判を恐れ、対日強硬の姿勢をとらざるを得なくなっているという指摘もある。

第2次大戦の記憶が残るアジア、特に中国と韓国においては、対日関係が自国の権力闘争や大衆の支持を集めるのに利用されやすい傾向にある。

そういう意味では、胡錦濤もまた、日本に対する純粋な個人的な思い入れだけではなく、前任者との違いを際だたせるために、対日重視の政策をあえて進めた側面もあるのかもしれない。江も胡も、国内の権力闘争を勝ち抜くため、日本という「カード」を使っていたのだろう。

日本大使館にも勤務経験がある中国外務省高官が、対日政策の難しさを打ち明ける。

「インターネットが急速に発達したことで、数十年前のように中国政府がすべての世論を管理できる時代ではなくなってしまいました。他の国と比べても日本に関する情報には国民は特に敏感で、政府のコントロールがきかないというのが実情です。それだけ中国国民の日本に対する思いは複雑なのです」

ネット住民も日本を称賛

時計の針を、08年の胡錦濤の訪日に戻そう。

前政権の「反日の呪縛」に終止符を打ち、独自の対日重視政策をぶち上げることができた胡錦濤は、日本での5日間の日程を終え、帰国した。

その直後、中国中西部の四川省をマグニチュード8・0の地震が襲った。9万人近い犠牲者を出す大惨事だったにもかかわらず、指導部の反応が鈍かった。軍の出動が遅れ、救援活動がなかなか進まない。その理由について胡に近い共青団出身の党関係者が打ち明ける。

「実は、日本から帰ってきた胡錦濤主席は過労で寝込んでしまったのです。緊張を強いられた訪日に心身ともに疲れ切っていたのでしょう。軍トップの中央軍事委員会主席を務める胡主席の指示がなければ、部隊を移動することはできません。温家宝首相が先に現場で陣頭指揮をしましたが、首相には軍を動かす権限はありません。初動の遅れについて、被災者や政府内からも批判の声が上がりました」

発生から4日後、胡はようやく被災地に入った。作業の遅れを取り戻すように、慰問に走り回った。

そして重大な決断をする。

初めて外国の救援隊を受け入れることを決めたのだ。外国政府による干渉を極端に嫌う中国政府は、大きな地震や水害でも他国の救援隊を拒んできた。この党関係者は続ける。

「特に被災地周辺には、ミサイル部隊や核関連施設が集まっているので、外国人がこの地に足を踏み入れることに軍の一部が猛反発したのです。しかし、胡主席はこれを押し切って、受け入れを決めたのです」

他国に先駆けて現地入りを認められたのが、日本の国際救援隊だ。

訪日で芽生えた対日友好ムードを盛り上げたい意向があったのは間違いない。中国の国営メディアが同行し、昼夜を問わず救援活動にあたる日本隊の勤勉な姿をルポした。救援隊がとったある行動が、中国内に大きな反響を呼んだ。

救援隊は全壊したビルから生後2カ月の女児と母親を発見したが、すでに死亡していた。二人の遺体を囲むように20人の日本人隊員が整列し、ヘルメットと手袋をとって、黙禱して合掌した。その光景が中国メディアで報じられると、ふだんは日本に批判的な書き込みが多いインターネット上でも、

「日本人に感謝したい」

「中国人も礼儀正しさを見習うべきだ」

などと称賛の声がたくさん書き込まれた。

今振り返ると、このころが日本と中国との関係にとって最後の最良の時だったように思う。

中国国防省から届いた一枚のFAX

地震から半月が過ぎた5月27日、中国国防省の担当者から北京の日本大使館宛てに1枚のFAXが届いた。

「被災者向けのテントの援助をお願いしたい」

秘密主義の中国軍が自分たちから連絡してくることは珍しかった。あっても抗議の時だけ。日本側から連絡をしても、無視されることがほとんどだった。自衛隊から大使館に出向している防衛駐在官が米国などほかの大使館に確認したところ、同じFAXが送られていた。

日本大使館幹部によると、すぐに防衛駐在官が中国国防省の担当者に連絡をとった。

駐在官「中国側は本当にテントを求めているのか」

中国国防省「その通りだ。上層部も了承している」

駐在官「テントを送るのには自衛隊の輸送機で運ぶのが適切だ」

中国国防省「自衛隊機で結構だ」

駐在官「もう一度意味を確認したい」

中国国防省「中国の空港まで自衛隊機で運んでもらうということだ」

中国で最も自衛隊への抵抗感が強いと思われていた軍当局者からの申し出に、日本政府内でも驚きの声が上がった。防衛省内ではすぐに航空自衛隊のＣ１３０輸送機を使って３日間かけてテントと毛布を運ぶ計画をつくり、準備を整えた。

翌28日、町村信孝官房長官が会見で中国側から要請があったことを公式に認めると、中国のネット上でも日本の報道が翻訳され転載され始めた。

「再び日本軍が我が国に足を踏み入れることを許すな」

「中国の領土に外国の軍隊を入れるのは恥辱だ」

しだいに自衛隊機の派遣に反対する書き込みが増えていった。中国のサイトが実施したネット投票では、反対が55%となり、賛成45%を上回った。

引退した党や軍の高官の一部からも否定的な声が上がり始めた。中国共産党で対日政策にかかわる党関係者は語る。

「江沢民氏に近い高官を中心に、胡錦濤主席の対日政策を批判する声が高まりました。結局、江氏直系でメディアや思想教育を担当する李長春《リーチャンチュン》・政治局常務委員が、『このままでは世論が持たない』と判断して、自衛隊機による輸送計画を中止することを決めたのです」

重要政策については、政治局常務委員が多数決で決めることになっているが、各担当の常務委員の意見をほぼそのまま採用するのが一般的だ。たとえトップの総書記であっても覆すことは簡単ではない。

その翌日、中国側は外交ルートを通じて日本側に、自衛隊機による輸送を断る連絡をしてきた。

「我が国の国内世論などを理解していただいた方法で援助をお願いしたい」

日本政府は、自衛隊機による中国本土への輸送を諦め、民間機をチャーターして物資を運ぶことになった。

対日政策に携わる中国政府系シンクタンク研究員は、この時の中国の政府や軍内の動きについて振り返る。

「もともと軍内には対日強硬派が多いのですが、日本との関係を重視する胡錦濤主席の意向をくみ取って、自衛隊の派遣には前向きでした。ところが、中国のネット世論が『炎上』したことに加え、引退後も軍内に影響力を持つ江沢民氏ら長老が反対したことで、尻込みをしたのでしょう」

匿名で書き込みができる中国のネットも日本と同じく、外国に対して強硬な意見が目立つ。

ネットユーザーの多数を占める20〜30代は、江沢民による愛国主義教育の影響をもろに受けて育っており、反日姿勢をむき出しにする傾向が強い。

中国当局が外交政策を決めるときに、ネット世論は無視できない存在となっている。特に対日政策は、ネット世論こそがかぎを握っていると言っても過言ではない。それを裏付けるような出来事がこの後に起き、共産党トップの地位を脅かしかねない事態となる。

吹き荒れた「売国奴」批判

「(中国)東北3省も日本と共同開発し、チベットはインドと共同開発するのか」
「Ｈｕ(胡錦濤の名字の中国語読み)は、李鴻章と同じく中華民族最大の売国奴だ」
日中両政府が東シナ海ガス田の共同開発の合意を発表した２００８年6月18日、私は北京の朝日新聞中国総局内でパソコンと向き合っていた。

中国のサイト上は、合意に反対する書き込みであふれている。李鴻章は、日清戦争に敗れて台湾割譲に同意する下関条約に署名した清国代表だ。ふだんは見たことがないくらいの厳しい批判ばかりだ。

いくつかの書き込みをクリックしようとすると、

「そのサイトは存在していないか、削除されました」

という警告文が出てくる。つい十数分前まで見ることができたページも開けなくなっていた。

そのからくりについて、メディアやネット政策に携わる中国政府関係者が解説する。

「ネットを管理する中央宣伝部から『東海（東シナ海）のガス田問題については、政府への批判はおろか、中立的な書き込みも削除するように』という内部指示が各地方政府を通じてサイト運営会社に出されました。さらに『五毛党』を使って政策を支持する『やらせ』の書き込みをさせるようにも指示されました。上層部がいかにネット世論の反発を警戒していたかがわかるでしょう」

「五毛党」とは、中国政府に有利な発言をネット上に書き込むいわば「サクラ」のことで、「ネット評論員」とも呼ばれる。1回の投稿で当局から5毛（9円）が支給される、として名付けられた。「わずかな報酬で自説を曲げて書き込む連中」という皮肉も込められている。

政府や党の職員に限らず、一般市民も雇われている。中国当局のネット規制を分析したハーバード大学のゲイリー・キング教授によると、中国全土に25万〜30万人ほどいるという。

中央宣伝部が地方政府の宣伝部門向けに内部でつくったマニュアル「報道官訓練教

材」を私は見たことがある。その中に「五毛党」に書き込みをさせるときの注意事項が記されている。

（１）一つのマイナス情報に対して最低三つ書き込む
（２）同じユーザー名やＩＰアドレス（ネット上の住所）は使わない
（３）小学６年生でもわかる簡単な文を書く
（４）職場のパソコンは使わず、投稿ごとに文体を変える

と事細かに決められている。

共産党機関紙・人民日報も合意を「日中双方の勝利」と伝えるなど、総力を挙げて国民の理解を得ようとしているのがわかった。

それでもネット世論の怒りは収まらなかった。

合意は、

（１）白樺ガス田を開発する中国企業に日本法人が出資する
（２）翌檜ガス田の南側の新たな海域で共同開発をする

というものだ。

だが、共同開発する海域が中間線をまたいだ中国寄りの海域が含まれていたことから、中国のネット世論では「日本に妥協した」という認識が広がった。日本政府の高官による「日

本側が勝ち取った」（高村正彦外相）といった発言がさらに刺激をした。

その日夜までネットの掲示板を見ていたが、多くの投稿は残されたままだった。当局の削除が追いつかないほどの政府批判の書き込みがされていたからだろう。

事態を収拾するため、外務次官の武大偉《ウーダーウェイ》が翌日、緊急記者会見を開くことになった。駐日大使を務めたことがある中国外務省きっての知日派だ。中国の官僚にしては珍しくぶら下がり取材にも気軽に応じてくれる。日本語で冗談を交えて受け答えしてくれるざっくばらんな人柄だ。報道官が毎日、定例会見を開いて記者の質問に答えるのが普通だが、交渉を担当する外務次官が直接会見することは異例と言えた。

会見場に入って来た武の表情はこわばっていた。用意した原稿に視線を落としたまま、張りのない声で棒読みした。

「中国のネット市民も高い関心を持っているようなので説明します。今回の合意は、誰かが主権を失い、国を辱める、といった問題ではないのです。あくまで我が国の主権が及ぶガス田の開発に日本企業が参加することを認めたのです。（日本政府が主張している）いわゆる中間線を我が国が認めたことは一度もありません」

釈明会見だった。

中国側もある程度の反発は予想していた。非難の矛先が胡に向かないようにするため、発表をわざわざ訪日から1カ月ほど遅らせてもいた。だが、ネット上の怒りは想定をはるかに超えていた。危機感を持った最高指導者自らが動かざるを得ない状況まで追い込まれた。

その翌20日午前、胡は人民日報の本社を見学に訪れることになった。ネット世論の反発を受けて急遽、同社が運営するサイト「人民網」の掲示板「強国論壇」で、ユーザーたちに語りかけることになったのだ。

国家主席が「できるだけネットを見ています」

人民日報社幹部が振り返る。

「いきなりの訪問だったので驚きましたよ。正式に通知があったのは視察の前日でした。現場には当日の朝に知らせたので、机の上を片付ける時間もない職員もいたほどです。あえてうちを選んだのは、『強国論壇』が反日的な書き込みが最も多い掲示板の一つだからでしょう」

国家主席がネットに登場して交流するのは初めてのことだ。

メディア担当の常務委員、李長春も同行し、そばでやりとりを見つめていた。女性職員がネットユーザーからの質問を選んで読み上げ、胡がそれに答える形をとった。

——いつもネットを見ていますか。

ふだんはとても忙しいですが、できるだけ時間をつくってネットを見ています。

——どんなサイトを見るのですか。

国内外のニュースを見るほか、ネットを通じて党と政府の仕事についての意見や提案を理解しています。

——たくさんの書き込みにも目を通しているのですか。

私たちが政策を決める上で、みなさんの考え方や意見をとても重視しています。みなさんの意見を理解し、知恵を集める手段としてネットは重要な手段です。私はみなさんの書き込みを真剣に読んで勉強しようと思います。

4分間余りのやりとりの中で、ユーザーの関心が最も高いガス田合意には触れられなかった。胡のやり過ぎにも思える「ネット重視」発言の意図について、メディア政策にかかわったことのある元中国政府幹部の説明はこうだ。

「『ネット世論の言うことを聞いてガス田共同開発を断念します』という表明をわざわざす

るために人民日報社を訪れたんだ。自衛隊機派遣の際と同じく、世論や軍部の反発を理由に李長春氏が強く抵抗した。李氏が関係が深い江沢民氏の意向を受けて動いていたのは間違いない」

ではなぜ、軍はかたくなにガス田共同開発に反対するのだろうか。領土問題や戦略策定に携わっている中国海軍少将の尹卓《インチュオ》に理由を尋ねた。

「日本が主張する『中間線』の存在は決して認めていないが、少なくとも『中間線』より西の中国側は我が国が管轄する争いのない海域なのだ。共同開発の協議ができるのは、あくまで『中間線』より日本側の海域でのことで、中国側は対象地域にはならない。日本の交渉担当者はこのことをわざと混同しているんだ」

今回の合意は、中間線をまたいだ海域を共同開発の海域にしたことこそが最大のポイントのはずだ。尹の発言は、合意そのものを否定したことを意味する。それは軍の強い反発を示したものだ。

その後、共同開発が始まるどころか、合意内容を正式な条約にするための交渉すらも進んでいない。

胡錦濤が対日関係改善で打って出た二つの賭けは、世論と軍の反発と、それを利用した江沢民らによって、失敗に終わった。これ以降、胡が日本との関係で踏み込んだ政策や発言をすることはなくなった。

挫折したのは対日政策だけに限らない。胡は江時代の経済成長至上主義を是正してバランスのとれた発展を目指した科学的発展観を掲げ、庶民の暮らしを優先する政策「以人為本（人を基本とする）」との考えを提唱していた。

しかし、どれもかけ声倒れに終わり、環境汚染や貧富の格差はさらに悪くなってしまった。胡指導部が政策を実現できない状況は、「政令不出中南海（政策が、指導部がある中南海の外には伝わらない）」と、揶揄されていた。

結果だけをとらえ、胡に指導者失格の烙印を押すのは、酷かもしれない。

胡には、常に江の影がつきまとった。長老として陰に陽に横やりを入れるだけではなく、彼の側近を党の意思決定機関に潜りこませることで、胡の手足を縛り続けたのだ。

第六章

不死身の男

AP/AFLO

江沢民（右）は最後まで、胡錦濤（左）に実権を渡さなかった

江沢民専用の別荘

北京市中心部から北東に車を走らせる。高速道路に乗って30分ほどで、周りの風景がビルの無機質な灰色から森林の緑色に変わってくるのに気づく。北京首都空港を過ぎるあたりから、それまで幻想的にも見えたスモッグの乳白色が薄れていき、日の光が差し込むようになり視界が開けてくる。周囲を深い緑に覆われたコバルトブルーの湖面が見えてきた。

北京市郊外の懐柔区にある雁栖湖《イエンシー》に着いた。中心部からわずか50キロほどしか離れていないのに、空気は澄んでひんやりしている。

高台から市街地を見下ろすと、スモッグがドームのように覆っていた。休日になると、多くの観光客が訪れ、釣りやキャンプを楽しむ。ここで、２０１４年11月にアジア太平洋経済協力会議（ＡＰＥＣ）が開かれた。

湖から少し離れた山裾に中国の伝統的な建物、四合院が見えてきた。敷地の入り口には行く手を遮るようにゲートがあり、警備員に車を止められた。運転してくれた知人の懐柔区当局者が、政府の身分証を見せると、警備員は敬礼してゲートを開けた。

「寛溝《コワンゴウ》招待所」の門をくぐった。北京市政府が１９８２年、党や政府、軍の幹部のための

著者撮影

個人の邸宅とは思えない江沢民の別荘

保養所としてつくった施設だ。一般客の立ち入りは制限されているが、先ほどの当局者が特別に手配してくれた。

東京ドーム42個分にあたる約２００ヘクタールの敷地には、４００ほどの客室があり、40のレストランを備えている。温泉やジムのほか、大型の会議室もある。緑に囲まれた敷地内には、人工の滝や川が流れており、山水画の中に身を置いているような気分になる。

敷地を見て回っている途中、小高い山が立ちはだかった。それをくぐるトンネルを抜けると、２棟の巨大な四合院造りの建物があった。屋根の一部には金箔《きんぱく》が施され、荘厳な門の両脇には、２頭の獅子の石像が置かれている。ほかの建物と比べて明らかに豪華だ。

先述の知人の懐柔区当局者が誇らしげに説明を

始めた。

「この2棟は、江沢民ご夫妻専用の別荘なんだ。ここの美しい風景を大変気に入られていたようで、総書記のときも激務の合間を縫って、よくお見えになっていたよ。部下や親戚をお連れになることもあったね。ご滞在のときはトンネルが封鎖されるので、完全なプライベートが保たれるんだ。休みの日は、よくお孫さんと山登りや釣りをしていたね」

特別に中を見せてもらった。窓越しに部屋の中をのぞくと、壁一面に水墨画が掛けられている。高価そうな翡翠の彫り物や陶器が置かれている。渡り廊下を歩いていくと、眼下に二つの円形のプールが見えてきた。

「3千メートルの地下からくみ上げた天然の温泉水さ。水泳がお好きなようで、ここでよく泳がれていたよ。引退されてからは、北京にいるときはほとんどこちらにお泊まりだったんじゃないかな。現役の党や軍の高官もよくここを訪れて、会食をしたり会議をしたりしていたようだね。『陰の中南海』と言う人もいたよ」

江沢民は04年、すべてのポストを後任の胡錦濤に譲って無役となった。にもかかわらず引き続き、豪華な別荘に住み続けた。しかもそこで現役高官らと会議を開いていたというのだ。

引退後の特別待遇は、それだけにとどまらなかった。

党や政府の中枢機関が集まる中南海と、軍の最高機関である中央軍事委員会の建物「八一大楼」の中にそれぞれ江の執務室が置かれていた。中南海に出入りしたことがある当局者が、その内情を明かす。

「中南海と八一大楼に執務室を置いているということは、党・政府と軍の双方に権力を持っていることを示しているのです。そこで、引退してからも引き続き人事や政策などの文書に決裁したり、現役幹部を呼び出して会議をしたりすることで影響力を持ち続けることができます。限られた高官しか触れることができない機密文書も見ることができました。江沢民氏の執務室に入ったことがありますが、現役主席の胡錦濤氏の部屋よりも広く、高価な絵画や装飾品が飾られていました」

この執務室の大きさと豪華さの差こそが、二人の力関係を物語っていた。

江は引退後も「党の重要事項は江氏に報告する」という内部規定をつくり、人事や重要政策に決定権を持っていた。それ以外にも影響力を保てるように、胡の権限を弱めるための仕掛けをした。

元共産党高官を親族に持つ政府関係者がある軍高官の名前を挙げる。軍制服組トップを務めた徐才厚《シュイツァイホウ》中央軍事委員会副主席だ。

「江沢民は軍事委員会主席を退く代わりに、徐才厚を副主席に登用した。引退後も徐を通じて軍の人事や政策を思い通りに動かそうとしたのだ。徐は、主席の胡錦濤の言うことを無視して、江の命令ばかりを聞いていた。重要な内部会議で胡に発言をさせないため、日程をぎりぎりまで教えず準備をする時間を与えないようにする嫌がらせをしていたんだ。胡は名ばかりの主席に過ぎず、江の意向を受けた徐が軍を実質支配しており、軍内には『二つの司令塔がある』と揶揄されていたんだ」

振り返ってみると、胡錦濤が軍内の視察をするときの姿は、どこか自信がなさそうに見えた。何かにおびえ、警戒しているようにすら感じることもあった。軍人と集合写真を撮るときも、傍らにはどっしりと構えた江沢民も一緒に写っており、胡の存在感が薄れていた。

胡は11年に北京で会談したロバート・ゲーツ米国防長官から中国軍の最新ステルス戦闘機「殲《せん》20」が試験飛行したことを尋ねられると、あわてて隣に座っていた軍高官に確認する場面があった。徐らがわざと、試験飛行のことを胡に事前に報告していなかった可能性が高い。

そしてこの政府関係者は、もう一人の党高官の名前も挙げる。胡錦濤政権の2期目となる07年、最高指導部である政治局常務委員会入りをした周永康《チョウヨンカン》だ。

江はこの時、周に党中央政法委員会書記も兼ねさせた。全国の警察や武装警察、情報機関から裁判所や検察まで一手に収める強大な権力を持つポストだ。

「周永康は、重要な政策や人事を胡錦濤には諮らず、江沢民と相談して決めていた。周が管理する司法や警察部門には一切口出しできず、まるで『独立王国』のような状態だったんだ。

さらに胡の権限を小さくするために、江は自分が総書記のときに使っていた『核心』の称号を譲らず、ほかの8人の常務委員と同等の権限しか与えなかったのだ」

少し補足をしよう。江が総書記のときは、「江沢民同志を核心とする党中央」といった形で国営メディアや会議では紹介されていた。一方、胡は引退するまで「胡錦濤同志を総書記とする」という言い方でしか呼ばれなかった。そのため胡は最後まで真の最高指導者としての権限を手にすることができず、ほかの常務委員と同じ「9分の1」の存在でしかなかった。

胡の発言が、国営メディアやネットから削除されることもしばしばあった。中国大手紙の幹部がある例を挙げる。

「胡錦濤氏が、08年に訪日した際、人権や民主を表す『普遍的価値』を追求するために日本と協力すると言ったときのことです。これまで党内の保守派を中心に反対意見が強いタブーの言葉だと思っていたので、ずいぶん踏み込んだ発言だな、と思っていました。ところがしばらくして、党中央宣伝部から『普遍的価値という言葉を記事で使うな』という内部通達が出されて、発言を削除するように指示されました。江沢民氏に近い周永康氏らがつぶしにかかったと後から聞きました」

江は引退してからも特別な内規をつくって実権を持ち続け、軍内は徐才厚、党内では周永康を操り人形として院政を敷き、胡体制を骨抜きにした。江は１９８９年の就任以来、実に

20年以上にわたって事実上の党序列トップとして君臨し続けていたことになる。

臨終の鄧小平と握手

時は遡る。２００２年11月の第16回党大会で総書記になった胡錦濤は翌月、初めての視察地として河北省の山村、西柏坡を選んだ。毛沢東らが１９４９年春、北京入りする直前に重要会議を開き、新政権の方針を打ち出した地である。

共産党の「革命の聖地」で胡は、

「権力は民のために使い、情は民のために用い、利は民のために計る」

と民衆を重視していくことを訴えた。

その様子を報じる中国国営テレビのニュースには、胡の隣にぴったりと並んで身ぶり手ぶりで語り合っているもう一人の高官の姿が映し出されていた。

曽慶紅《ツオンチンホン》。

党序列5位の政治局常務委員だ。首相よりも格下のはずの曽が、胡と同格であることを強調するような演出がなされていた。人民日報でも胡と曽が肩を並べている写真が使われており、記事でも「胡錦濤と曽慶紅が」と併記されている。どちらが主役かわからないほどの扱いだ。

党高官の動向についての記事や写真は、メディアを監督する党中央宣伝部が事細かく指示を出している。画面に映し出される長さや写真の大きさは、権力とほぼ比例する。

中国政治が専門で共産党内にも人脈を持つボストン大学教授のジョセフ・フュースミスは、この報道の背景を読み解く。

「江沢民は、直系の曽慶紅をわざわざ同行させることで、総書記を退いた後も自分の影響力があることを見せつける狙いがありました。それだけではなく、胡錦濤が絶対的な最高指導者ではなく、ほかの常務委員と同格に過ぎないという意味が暗に込められているのです」

曽は、江が総書記になるときに上海から北京に連れてきた腹心の部下だった。曽の母親は毛沢東らとともに長征に参加しており、父親も上海市副市長を務めたことがある。両親の人脈を生かして、江の政敵を次々と追い落とし、権力基盤を固めるのを助けてきた。

16回党大会で江は、一介の政治局員候補に過ぎない曽を2階級特進させ、政治局常務委員に登用しようと画策した。これに伴い、7人だった最高指導部のポストを9人に変更した。曽のために、常務委員の枠をわざわざ増やしたと言われている。また、国家主席のポストを胡に譲った翌年3月には、曽をその後任の国家副主席に引き上げた。

曽以外にも、江は直系の呉邦国《ウーバンクオ》、賈慶林《チアチンリン》、黄菊《ホワンチュイ》、李長春《リーチャンチュン》を常務委員にし、過半数を占めることができた。政治局常務委員会では意見が割れた場合、多数決で決めることになっている。江自身も中央軍事委員会主席の座をなかなか手放さなかった。これまで何度も書いたように、230万人の兵力を束ねる最も権力のあるポストだ。

党の理論を研究してきた党関係者は、胡の「船出」について、

「ほとんど『骨抜き』状態でした。重要な政策は江沢民氏が首を縦に振らなければ何も決まらず、常務委員会でも曽慶紅氏が事あるごとに胡錦濤氏の提案に反対していました。実質的には江沢民—曽慶紅政権と言えました。それでも、胡氏をトップに据えざるを得なかったのは、ある遺言があったからです」

と明かす。この党関係者の説明はこうだ。

1997年初め、北京市西部にある人民解放軍総医院（301病院）にある高級幹部用の特別病棟の一室に党高官が集まった。病状が悪化した最高実力者、鄧小平を見舞うためだった。鄧は、家族や高官一人ひとりと握手し、声をかけた。江に続いて胡の手を握りながら語りかけた。

「錦濤同志、我が国の未来は任せた」

胡が江の後任に内定した瞬間だった。

「遺書に記されていた」、いや「もっと前に遺言を言い渡した」という関係者もいる。ただいずれも鄧の死去直前に、胡を江の後任とすることを内部決定していた点では一致する。

鄧は、胡の物腰が柔らかくまじめな性格を買っていたようだ。89年、胡が書記を務めていたチベット自治区ラサで僧侶らによる独立運動が起きると、戒厳令を敷いて鎮圧したことを高く評価したと言われる。胡は92年、史上2番目の若さで政治局常務委員となっている。

江は胡の代わりに曽を後継者にしようと何度か企てたが、実現しなかった。

鄧とのこの時の握手が、胡の「守護神」となって江らの攻勢をしのいで、最高指導者まで上がることができた。

トップになった胡は、今度は自らにかけられていた足かせを外すための反撃に出る。照準は、〝目の上のたんこぶ〟である曽に絞られた。

曽慶紅を揺るがしたスクープ記事

「誰の魯能《ルーノン》か?」

中国の有力経済誌「財経」が2007年1月、山東省の国有電力企業「魯能」の株式売却をめぐる不正疑惑についてのスクープ記事を放った。740億元（1兆3千億円）の総資産額を持つ同社の株の92%が、わずか37億元（660億円）という安値で北京市内の民間会社に売却されていた事実を暴いたのだ。

複数の党高官が絡んでいるといううわさがあり、そのうちの一人が国家副主席の曽慶紅だった。

それまで中国メディアが事件の調査報道をすることはほとんどなかった。共産党や政府の方針をあまねく伝えるのが第一で、「権力の監視」を重視する民主主義国のメディアとは正反対だからだ。その役割は「共産党ののどと舌」と呼ばれている。

しかも政府の一部門である国有企業をめぐる不祥事を独自報道することは今までは考えられないことだ。北京市内の財経本社を訪ね、取材した記者に話を聞くことにした。

広報担当者に「取材した記者に会いたい」と頼むと、快諾してくれた。ガラス張りの応接室で待っていると、小柄な丸顔の女性がやって来た。

王暁氷《ワンシアオビン》。34歳。エネルギーや電力会社を担当している。

——なぜ魯能を取材したのですか。

2000年代初めに中国ではたくさんの国有企業が民営化されました。その時にいくつかの会社で不正な売却がある、という情報がありました。そのうちの一社だったのです。

――どのような調査をしたのでしょうか。

もう一人の後輩記者と半年間かけて、同社の資料を調べ上げて幹部にも話を聞きました。みんな口が堅くて苦労しました。「協力者」から入手した内部情報にも助けられました。

――恐怖や圧力は感じませんでしたか。

巨大企業なので、報復や嫌がらせがとても心配でした。正直怖かったです。

――曽慶紅氏が利益を得ていたという話があります。

誰がもうけたのかはわかりません。それ以上は取材上の秘密なので話せません。


この言葉を鵜呑みにするなら、共産党の検閲に臆することなく取材を重ねた見事な調査報道にも思える。ただ、「協力者」のことや曽のことに話題が及ぶと、口が重くなった。

真相について共産主義青年団（共青団）出身の党関係者が語る。

「この売却で曽の親族が利益を得たのは、実は党高官の間では公然の秘密だった。胡主席に近い関係者が、『財経』の編集幹部に内部資料をリークしたようだ。刑事責任の追及を恐れた曽慶紅氏は、この時から江沢民氏と距離を置き、胡主席にすり寄るようになったんだ」

胡の反撃だった。曽を取り込むだけではなく、江との同盟関係にもくさびを打ち込んだ。

その年の10月15日にあった第17回党大会の開幕式で、この証言を象徴するような一場面が見られた。

常務委員と長老が居並ぶ人民大会堂の壇上の1列目。胡が演説を始めると、江は背もたれに深く寄りかかったまま、天井を見上げたり目を閉じたりした。2時間半の間、ほとんど寝ているようにすら見えた。

江は式が終わると早々に立ち上がり、近くにいた曽とは目も合わさずに去った。香港紙が「公式の場に姿を現すのは今回が最後」と報じたように、影響力と体力の低下が進んでいるように見えた。

国家副主席を続投するとみられていた曽も引退した。内部で決められていた常務委員の定年が70歳から68歳に引き下げられたためだ。前出の党関係者は続ける。

「ちょうど68歳になった曽慶紅氏を引退に追い込むために胡主席がわざと定年を下げたんだ。定年制は16回党大会の時に、江沢民氏のライバルだった李瑞環《リールイファン》氏を辞めさせるために江氏と曽氏がたくらんで設けた。胡主席はそれを逆手にとって、曽氏に定年制をあてはめて引退に追い込んだ。後ろ盾だったはずの江氏も、（財経のスクープ記事を機に）裏切られたことに腹を立てて曽を守ろうとしなかったんだ」

胡は1期目の5年間を費やして、曽の力を排除することに成功した。

代わりに江に近い周永康と賀国強《ホークオチアン》が新たに常務委員になった。江派が常務委員会の過半数を占める状況は変わらなかった。江自身も、中央軍事委員会主席を退いた後も胡に続く「1・5位」という特別な地位にとどまり、「院政」を敷き続けた。ただ、江が公式行事に出席する機会はめっきりと減った。健康不安説も飛び交うようになった。

そして江をめぐる「大ニュース」が中国政界を揺るがした。

若い軍人の血を集め、蘇った

「江沢民・前国家主席が病死」

2011年7月6日、香港のテレビ局、亜州電視（ATV）が「北京の消息筋」の話として、江死去の「スクープ」を流した。

中国山東省政府が運営するニュースサイト「山東新聞網」にも、「敬愛なる江沢民同志は永久に不滅である」と題した哀悼ページができた。すぐに閉鎖されたものの、政府内で準備を進めているのは間違いなかった。

私もすぐに確認に走った。

「死去したようだ」「いや危篤だ」。数人の党関係者に当たったが、情報が錯綜していた。政府が閣僚級の幹部に出張を控える禁足令を出しており、事態が緊迫しているのがわかった。入院しているとされる301病院に急行した。特別病棟の警備員や近くの住民に聞いたが、変わった様子はなさそうだ。

国営通信社が、複数の権威筋の話として「全くの流言にすぎない」と否定する英文記事を流した。真相があいまいなまま、時が流れた。

それから約3カ月後の10月9日。辛亥革命100年を記念する式典が開かれた人民大会堂の壇上に、江が登場した。そばで心配そうに見守る付添人の力は借りず、右手を大きく振りながら自分で歩いた。死亡説を打ち消すかのように気丈に振る舞っているように思えた。

ATVのニュース部門の責任者、梁家栄・副総裁が誤報の責任をとって辞任した。梁は香港立法会（議会）の聴聞会で、報道の経緯について意味深な説明をした。

「ある情報源からすぐにニュースを流すよう求められました。確認を取ろうとしましたができず、結局、その情報源を信じて流したのです」

情報源について誰かは明かされなかった。中国でメディア行政に携わったことがある元政府幹部は、「情報源は胡氏に近い党高官だと言われています。江氏は危篤になり、深刻な容体になりました。胡氏サイドが前のめりになってリークしたようです」と明かす。

確かに私に「死亡説」をささやいた関係者も、いずれも胡氏と近いとされる人たちだった。

なぜ、それほど深刻な容体から復活したのだろうか。軍の病院関係者が興味深い証言をする。

「301病院が最高の医師団と技術を動員して治療にあたったからです。全国から数十人の若くて健康な軍人の血液を集めて総入れ替えもしました。軍内には江氏の影響力が根強く、亡くなってもらっては困る幹部がそれだけいますから」

すでに述べた制服組トップの徐才厚以下、軍幹部には江に抜擢された人間がずらりと居並ぶ。自分たちの政治生命を守るためにも、後ろ盾を死なせるわけにはいかなかった。

いずれの派閥でもすでに引退した指導者の生死をめぐり右往左往するというのは、どれだけ江の権力が絶大であるかを物語っている。

常務委員の秘書を経験したことがある、胡氏の出身母体の共青団出身の党関係者は、悔しさをかみしめるようにつぶやいた。

「もしあのとき江沢民氏が逝去していれば、胡錦濤氏が『核心』となり、真の最高指導者になれたはずです。そうすれば誰にも邪魔をされずにもっと改革を進めることができたに違いありません。そして日本との関係もここまで悪くはならなかったはずです」

江は結局、引退後も合わせてほぼ四半世紀、最高実力者として君臨し続けた。これは鄧小平をしのぐ長さだ。なぜこれほどの長期間、権力を握り続けることができたのか。この党関係者がその理由について明かす。

「江沢民氏は鄧小平氏と比べれば、指導力やカリスマ性はもちろん、能力もはるかに及びませんでした。唯一の成果は経済発展ですが、これもただ鄧氏が敷いた路線に沿ってきただけのことです。ただ、権力に対する執着心と部下を取り込んで派閥をつくる能力にかけては秀でていました。そのために引退後も力を保てるように慣習やこれまでの規則を破る勝手なルールをつくった。党の秩序を壊した罪は大きいと思います」

歴史は皮肉なものだ。胡と江が反目し続けたからこそ、習に最高指導者の芽が生まれたことはすでに述べた。さらに二人の同時引退によって結果的に、習近平が中国共産党という世界最大の独裁組織の手綱をほぼ一人で握ることになった。

これらの運命に最も翻弄された男がいる。当初、次期皇帝レースの最有力候補といわれた、現首相の李克強である。

もちろん習も、〝棚からぼた餅〟で宰相の椅子に座ったわけではない。江と胡の闘争と同時並行で、習とそのライバル・李とは火花を散らしていた。それを描かないことには、重層的に繰り広げられる権力闘争の「熾烈さ」を理解してもらえないだろう。

次章では、次期皇帝と呼ばれていた李を主人公に、皇帝を巡る争いの裏面史をお届けする。

第七章

サラブレッドの悲劇

REUTERS/AFLO

李克強は最後の最後まで出世レースの先頭を走り続けた

小さな「巨体」

第一印象は、「意外に小さい」だった。

２００７年10月15日。第17回共産党大会の開幕式が始まった。大きな赤い星が天井に輝く北京の人民大会堂のひな壇に、２００人を超える中国共産党高官が並んでいた。約８６００万人の党員から選び抜かれた中央委員と呼ばれる幹部たちだ。よく見ると、最前列と2列目の間に広い隔たりがあるのがわかる。政治局常務委員とその経験者が居並ぶ1列目は、前に張り出しており、隣との席の間隔も広い。2列目以降は一列に36人がぎっしりと座っており、窮屈そうだ。

この格差が、党内の権力を反映している。常務委員は、党の重要な政策を決める最高指導部だ。刑事責任を追及されないという特権もある。

2列目の端の方に習近平を見つけた。両隣に申し訳なさそうに、１８０センチ、１００キロの巨体をかがめて、縮こまって座っている。すでに上海市トップの共産党委員会書記になっていたが、このときは中央委員の一人に過ぎなかった。

「科学的発展観を経済や社会発展の各方面に深く徹底させなければなりません」

2期目を迎えた党トップの総書記、胡錦濤の演説が始まった。自らが掲げる戦略思想の部分になると、声を一段と高くして訴えていた。以前よりも言葉に張りがあり、自信を深めているのが伝わってきた。

その間習は、さらに体を前傾させ、手元の原稿に線を引いたり何かを書き込んだりと、せわしなく手を動かしていた。上司の言葉を聞き逃すまいと必死になっている忠実な部下の姿そのものだ。

この時、私を含めた外国人特派員の視線は、習に集まっていたわけではなかった。2列目の習とは反対側を注視していた。

遼寧省党委員会書記の李克強だ。「ポスト胡」の最有力候補とみられており、カメラが一挙手一投足を追った。背筋を伸ばし、原稿を食い入るように見ながらも、重要な部分ではすっと顔を上げ、演壇の胡に向かって拍手をする。テレビカメラが近づくと、すっと座り直す。そつのない優等生のようだ。

二人のホープと同じように、話題になった人物がいる。

前総書記の江沢民だ。05年3月にすべてのポストを胡に譲り、ヒラ党員となってから、動静が伝わってこなかった。影響力の低下や健康不安説すら出ていた。

こうした臆測を打ち消すように、江は胡の隣に座り、実力者ぶりを見せつけていた。椅子の背もたれに深く寄りかかったまま、天井を見上げたり目を閉じたりして、明らかに退屈そうに見えた。時折、モデルのような長身で若い給仕の女性が、卓上のコップに湯を注ぎに来る時だけ、体を起こして興味深そうに顔をのぞき込んでいた。

後で詳しく述べるが、この元気な老人が、ここでもまた二人の男の命運を左右することになる。

習と李は気を緩めることなく、2時間20分にわたる胡の演説に聴き入っていた。

その翌日開かれたある記者会見で、二人の実力の差が露呈することになる。

すれ違った10台のナンバーを覚えていた

大会2日目、各省の代表団の討論会が開かれた。各省ごとに分かれて党代表が議論する。今大会から記者が各代表団に直接質問できる機会が設けられることになった。

最も注目を集めたのが、李克強率いる遼寧省代表団。集まった約120人の記者を前に、自らが遼寧省で取り組んだ貧困対策をアピールした。

「私は在任した約2年間で1300万平方メートルものスラム街を取り壊し、新しい住宅を建てました」

両手を大きく広げながら発言するたびにフラッシュが光った。原稿は一切用意しておらず、失業率や汚染指数など、小数点まで暗唱しながら力説してみせた。

部下として李に仕えたことがある党関係者は、

「3時間ぐらいの演説ならば、ほぼ暗記されていました。すれ違った10台ほどの車のナンバーを全部覚えていたこともあります」

と舌を巻く。

同じ党のエリート養成機関、共産主義青年団（共青団）出身の胡錦濤のことを持ち上げることも忘れなかった。30分ほどの受け答えの中で、胡が提唱する「科学的発展観」と「和諧《わかい》（調和の意味）社会」という二つのキーワードを、13回使った。胡の従順な部下であることをしっかりとアピールした。

指導部入りにからむ質問も記者から出された。

「各国メディアがあなたを未来の政治スターだと言っているが」

それまで即答していた李は、少し間を置いてから、左手の腕時計に目をやり、

「残念ながら事務局が決めた時間が過ぎてしまいました。我が党は制度と秩序を重視しています。私たちも大会規則を守りましょう」

と、会場の笑いを誘いつつ、席を後にした。

表舞台に慣れているのだろう。記者からの質問によどみなく答え、共産党の「サラブレッド」ぶりを見せつけた。

李を中心とする遼寧省代表団とは対照的に、習が率いる上海代表団の会見は重苦しい空気が垂れ込めていた。

その1年ほど前、上海市党委員会書記を務めていた陳良宇《チェンリアンユィ》が、汚職事件で解任されていたからだ。陳は「上海閥」の実力者だったが、年金や失業保険の原資となる社会保障基金を知人の会社に不正に融資していた疑いで、取り調べを受けていた。上海閥とは、江沢民を頂点とする権力地盤を指す。鄧小平によって突如総書記に抜擢された江は、自身の上海書記時代の側近を次々と中央政界入りさせることで、強い結束力を持つグループを作り上げたのだ。

江に近い元上海市政府幹部が、事件の背景を解く。

「江沢民氏は、17回党大会で陳良宇を最高指導部入りさせ、胡錦濤の後釜に据えようと考えていたんだ。ところが陳は公然と会議の席で、指導部の経済政策などを批判するので、胡錦濤らと真っ向から対立してしまった。あえて党大会直前に陳を摘発することで、『上海閥』の後継者の芽を摘む狙いがあったんだろう」

胡が「上海閥」の解体を目指して仕掛けた政治闘争と言えた。江と関係が近い市幹部や大手国有企業幹部ら約20人が次々と摘発された。

陳の「代理」として急遽、登用されたのが、浙江省書記を務めていた習近平だった。この元幹部は続ける。

「胡錦濤は本当は、共青団系の別の党高官を陳の後任に考えていたんだが、江氏が抵抗したんだよ。これ以上、『上海閥』に捜査が及ぶことを防ぎたかったんだろう。両者が受け入れられる妥協案として白羽の矢が立ったのが、共青団でもなく『上海閥』にも属していない習近平だったんだ」

まさに政治闘争の末の妥協の産物と言えた。

陳に代わって団長のいすに座ったばかりの習に対し、会見に集まった約１００人の記者は容赦なく、質問を浴びせた。内容は、陳の事件の捜査に集中した。

しかし、司会役の市長、韓正《ハンチョン》は習には答えを求めずに、別の幹部に答えるよう命じた。肉声を聴けないまま、会見は終了した。記者からため息が漏れた。香港紙の女性記者は、

「あれでは、逃げる『黒馬』よね」

と皮肉った。「黒馬」とは「ダークホース」の中国語だ。

李が本命ならば、習はせいぜい対抗馬よりも格下の大穴に過ぎなかった。

唯一話題になったのは、習のファッションぐらいだろう。ソファに腰かけた際、黒い靴下

と素肌があらわになっていた。ズボンの丈が短かったのか、あるいは縮んでしまったのかもしれない。

上海に着任してわずか半年で、実績らしいものはまだない。明らかに準備不足の感が否めなかった。あか抜けない地方政治家という印象だけが残った。

私を含めた会場内の記者のほとんどが、次の最高指導者は李に間違いない、と確信を深めた。二人の経歴を見ても、その差は一目瞭然だった。ここに至るまでの二人の過去を関係者の証言を元に振り返る。

穴あきワイシャツ

その日は、肌を貫くような強烈な日差しが降り注いでいた。

１９８０年７月、ある日本企業幹部は、知人の中国政府機関の局長宅の夕食会に招かれていた。局長とは仕事で付き合いがあった。

この局長は、党高官の父親を持つ実力者で、折に触れ仕事を助けてくれた。この日、ほかに４人の党や軍の仲間が招待されていた。当時、政府職員は国から住宅を割り当てられていた。新居に入ると、知人を呼んでお祝いをするしきたりになっていた。

みんなでギョーザを包んでいると、自転車にまたがった大柄の男がやってきた。

「お待たせしてすみません」

長袖のワイシャツは汗でぬれ、肌にくっついていた。後ろ姿に目をやると、シャツには小さな穴が開いていた。この幹部は小声で局長に尋ねた。

「あのみすぼらしい大男は誰だい」

「習近平。本人は言いたがらないが、元副首相の息子だ」

この時27歳。軍高官の秘書として党中央軍事委員会弁公庁で仕事を始めていた。この幹部は夕食会の様子を振り返る。

「みんなの話に相づちを打ってばかりいて、決して自分の考えや意見を言おうとしなかったのが印象的だったね。5人でアルコール度数が60度近い白酒を10本近く空けたかな。最後まで、饒舌《じょうぜつ》になることも乱れることもなかったよ。仲間同士でもどこか気を緩めていない感じがしたね」

気の置けない友人たちでも、警戒感を解かないのには理由があった。その前まで、父親が幽閉されていたからだ。

父、習仲勲《シーチョンシュン》は13歳から共産革命に参加し、陝西省、甘粛省など西北地区で革命本拠地をつくって、事実上の最高責任者になった。近平が生まれた1953年には、38歳の若さで党中央宣伝部長になっていた。59年には副首相に昇格し、周恩来の側近として活躍した。

ところが、権力闘争に巻き込まれて、62年に失脚。毛沢東が始めた文化大革命では、「反革命分子」として収監された。

母の斉心《チーシン》もたびたび街中に引きずり出され、暴力を振るわれた。近平も文革さなかの69年、「農民に学べ」という政治運動によって、陝西省の農村、梁家河村に送られた。16歳だった。洞穴式住居「窰洞《ヤオトン》」で6年間暮らした。貧しさのあまり北京に逃げ帰ったこともあった。

文革が終わった78年、仲勲は政治的な復活を遂げ、広東省トップの第一書記になり、深圳の経済特区を推進するようになった。近平も名門、清華大学を卒業し、軍の仕事を始めるようになった。

元閣僚級幹部を親族に持ち、自らも農村に送られたことがある党関係者は、習の人格形成に与えた文革の影響を指摘する。

「副首相まで上り詰めながら一夜にして罪人となって迫害された父の姿が、習近平の記憶の中に深く刻まれていたんだろう。他人のことを簡単には信用せず、権力こそが唯一のよりどころだ、と信じるようになったんじゃないか。日本人にはわからないだろうけど、俺たちのように思春期に文革を過ごした世代に共通した価値観なんだよ」

その2年後、習は河北省の農村、正定県に赴任し、ナンバー3の副書記になった。最高指導部、政治局常務委員会に入るまでの25年間、党中央には一度も戻らずに、地方回りをすることになる。

ちょうどその頃、李克強は、文化大革命で中断されていた大学入試が再開された77年、超難関の北京大学法学部に合格した。

「克強はとにかくがむしゃらに勉強していました。法学部の同期生82人のうち、常にトップでした。特に英語に熱を入れており、食事の時も単語帳と文法書を持ち歩いていました。在学中に英語の法律専門書の翻訳本を10冊ほど出版していました」

そう語るのは、同級生で今は北京大で教授をしている姜明安《チアンミンアン》だ。

優秀なのは勉学だけではなかった。共青団の政治活動にも積極的に参加し、演説や議論においても存在感を示していた。

卒業後は、持ち前の英語力を生かして、欧米留学を目指していた。最難関校に入学できる英語検定試験の点数も取っていた。

留学準備を進めていると、共青団幹部から、

「1万人の団員をまとめられるのはあなたしかいない」

と、共青団の幹部になるように勧誘を受けた。

「食事ものどを通らず、寝付けないほど悩んだ」

李はそのときの心境を後の共青団の機関誌に記している。

82年、迷った末、共青団の北京大支部の書記になる道を選んだ。姜明安は、

「この時に『政治の世界で生きていこう』と決心したようです」

と語る。

この共青団で、李は政治人生を変えることになる「師」に出会う。

総書記を約束された「42歳と29歳」

「あの二人が未来の中国共産党のリーダーになるらしいぞ」

1985年3月、東京・新橋の中華料理店。訪日した中国青年代表団の歓迎会では、名刺を交わしたり、写真を撮ったりする人だかりができていた。

代表団の団長は、共青団の第1書記だった胡錦濤。副団長は直属の部下に当たる候補書記の李克強。受け入れをした日本側の団体幹部は振り返る。

「二人はその時、まだ42歳と29歳でしたが、注目を集めていました。当時からすでに、将来胡さんが総書記になって、後任は李さんだ、とささやかれていました」

代表団の訪日は、当時総書記だった胡耀邦《フーヤオバン》が呼びかけた日中青年交流プロジェクトの一つだ。自らの出身母体である共青団に重責を任せた。李は日程調整など裏方の仕事をテキパキとこなし、団長の胡錦濤を支えた。共青団で二人と働いたことがある党幹部の証言。

「二人は、『錦濤兄さん』『克強』と、互いに名前で呼び合うほど仲が良く、本当の兄弟のように見えた。胡氏が李氏の才能を高く評価しており、将来は自分の後継者にしようと決めたようだ」

30年も前から「将来の総書記」と目されていた李は、胡に引き上げられるように、最高指導部へのエリートコースの階段を駆け上がる。

胡が92年、政治局常務委員になると、李は翌年、共青団第1書記に昇格。98年に胡が国家副主席になると、李は翌99年に河南省で全国最年少の43歳の省長となった。

一方の習近平は、河北省正定県での3年間の勤務を終え、85年に32歳で、福建省アモイ市の副市長になった。その後も福建省内の各市を転々とし、95年に同省副書記になった。

ここで妻となる彭麗媛《ポンリーユエン》と見合いをすることになる。当時24歳。人民解放軍所属の専属歌手で、旧正月の大みそかに放送される日本の紅白歌合戦のような歌番組ではトリを飾るほどの人気を博していた。片や習近平は、一地方幹部に過ぎなかった。

彭は人民日報系の雑誌、環球人物のインタビュー記事の中で、習とのなれそめを語っている。

私は会いたくなかったのですが、友人がしきりに勧めるので、わざと汚れた軍服を着て行きました。すると彼も普段着でした。「どの歌が人気なのか」「出演料はいくらもらっているのか」といったありきたりの質問が出ると思ったら、「声楽の発声法について教えてほしい」といきなり尋ねられ、驚きました。すっかり話し込んで、彼と結婚しようと決めました。後になって、近平から「私も君と会って40分もたたないうちに妻にしようと思った」と聞かされました。

国民的スターを目の前にしても気負わない。そんな無頓着な性格がうかがえる。そしてこの結婚により、習は軍人を親族に持つ立場となり、その後の習の政治人生を大きく変えることになる。

ただ、私生活は充実していたが、仕事では際だった業績を残したとは言い難かった。アモイ時代に習を訪ねた元党幹部を父に持つ中国政府幹部は、習を含む友人らとクラブに行った時のことを振り返る。

「昔から酒が好きだったね。酒量がますます増えて、会うたびにふくよかになっていったよ。この晩も一人で好物のブランデーを1本飲み干していたね。次の日も朝からゴルフだと言っていたのを覚えているな。地元のたたき上げの幹部や企業家とは距離を置きながら、適度に仕事をしていたみたいだったね」

　この直後、二つの試練が立て続けに習の政治生命を脅かす。

151人中151番目の最下位「当選」

　中国共産党の指導機関と位置づけられているのが、中央委員会と呼ばれる機関だ。約8600万人の党員の中から、選挙で選ばれた約200人の中央委員と、その補欠にあたる150人ほどの中央委員候補からなる。

　中央委員は、だいたい定員よりも約8％多い候補者の中から、党内の選挙で選ばれる。この中から総書記も首相も選ばれる。

1997年の第15回党大会で、福建省副書記だった習は、中央委員入りはならず、格下の中央委員候補に甘んじることになった。さらに、公表された名簿では151人の中で151番目。つまり中央委員候補の中でも得票率が最下位だったのだ。党閣僚級経験者を親族に持つ党関係者の証言。

「定員は150人の予定だったが、習近平を次の世代の指導者候補としたい高官たちが画策して、定員数を無理やり一人増やして、ぎりぎりで『当選』させたんだ。得票数が伸び悩んだのは、たいした実績もないのに、有名歌手を妻に持ったことへのやっかみもあったんじゃないか」

李克強はすでに中央委員になっていた。習のこの時の党内序列は344位。この時点で、総書記の座から最も遠い「幹部候補」だった。

追い打ちをかけるように、第四章で取り上げた福建省アモイ市の国有貿易会社を巡る密輸事件が起こる。

習が福建省の代理省長になった99年4月、党中央は特別捜査チームを福建省に送り込んだ。ターゲットは、アモイ市に拠点を置く貿易会社「遠華集団」。密輸入した石油製品や自動車などを転売して巨額の利益を違法に得ていた疑いが持たれていた。党の捜査機関で働いたことがある党関係者が同社の容疑について説明する。

「遠華集団のトップは、持っているホテルの１フロアを改造し、レストランや高級クラブを備えた専用接待所をつくって、地元政府幹部をもてなしていたんだ。警察から取り締まり情報を事前に手に入れただけではなく、税関には密輸のために文書や印鑑の偽造までやらせていたんだよ。軍幹部にも接待攻勢をかけ、軍艦を『用心棒』代わりに雇って、船を検査しようとする税関の船を追っ払っていたんだ」

この国、軍をも巻き込んだ巨大疑獄は、捜査機関が認定しただけで２７３億元（約４９０0億円）相当の自動車や石油製品、たばこを密輸入し、脱税額約１４０億元（約２５２０億円）に上る。同社総裁は、国の幹部ら64人に約３９００万元（約7億円）相当の不動産や車などを贈ったとされ、この中には、習の後任のアモイ市副市長や、部下たちも含まれていた。

捜査や公判の資料によると、密輸が行われていたのは、95年から99年。習がアモイを離れ、福建省副書記にいた時期と重なる。

習の関与について、先述の党関係者に尋ねたが、口を濁す。

「習近平氏本人については、関与を示す証拠は見つからなかったようだね。でも、直属の上司や部下が摘発されており、完全に潔白だったのかどうかは私にはわからないな」

習が足踏みをしている間、李克強は2002年に河南省書記に昇格し、04年には遼寧省書記に上り詰めた。どのポストに就いても、「史上最年少」の称号がついた。

海外メディアが李のことを「ポスト胡錦濤」と報道するようになったのもこの頃だ。自民党幹事長だった武部勤や民主党代表だった小沢一郎ら各国要人が相次いで、遼寧省を訪れるようになった。李との関係構築を狙った動きと言われた。

「残虐なことをしたのは、日本人だからでしょうか。いや、日本人が悪なのではありません。歴史というものは、人類がなぜ残虐なことをするのか、しっかりと反省して、考えていかなければなりません」

2007年4月、日本企業幹部を率いて遼寧省を訪問した日本政府関係者は、会食の席で李が日中戦争に対する考え方を雄弁に語った姿が忘れられない。

「日本の戦争責任ばかりにこだわる共産党のこれまでの考え方とは違って柔軟な考え方の持ち主だと感じましたね。次期最高指導者になることを確信しており、自信がみなぎっているように見えました」

ずば抜けた才能と経歴、そして時の最高指導者に寵愛を受け、何一つ問題なく思われた。第17回党大会で、最高指導部入りし、次期総書記のポストに選出されるだろう、と誰もが信じて疑わなかった。

私も「ポスト胡錦濤、李克強氏」という原稿を用意して、党大会最終日を迎えた。

大逆転

人民大会堂に詰めかけた数百人の記者から、ホール内に響き渡るどよめきが起きた。第17回党大会が閉幕した翌日の２００７年10月22日。新たに発足した新指導部のお披露目会見で、政治局常務委員９人が党の序列に従って舞台の袖から姿を現した際、習近平が、李克強より先に見えた瞬間のことだった。

習が序列６位、李が７位……。

まさかの逆転だ。

序列が一つ違えば、権限や地位に大きな差がある。逆転することは簡単ではない。５位より上の指導者は５年後の次の党大会での引退が予想されるため、習が次の最高指導者の最有力候補に躍り出たことを意味していた。

「54歳と52歳で、まだ若い仲間です」

習と李を紹介する胡錦濤の表情は、こわばっているように見えた。ふだんから感情を表に出さない「鉄仮面」が、いっそう硬直していた。

汚職事件の摘発で江沢民の牙城《がじょう》である「上海閥」を弱体化させ、直系の李を後継者にする。こうした胡の未来予想図は、すべてが順調にいっていたが、あと一歩のところで果たせなかった。そんな悔しさがにじみ出ていた。

実はその4カ月前、胡自らが招集したある内部会議が、大逆転劇の引き金となっていた。07年6月25日、北京に400人余りの党幹部が集められた。胡が司会を務め、会議が進められた。出席者にオレンジ色の投票用紙が配られた。表紙には「政治局員のメンバーとして新たに提案するための民主推薦票」とあり、画数順に約200人の党幹部の名前が記されていた。17回党大会で指導部入りできる可能性がある満63歳以下の有力幹部の実力を問う非公開の信任投票だった。

「我が党において初めて実施された民主的な投票でした。『党内民主』と『人事の制度化』を訴えていた胡錦濤主席が、党内の反対を押し切って実現させたんです。党員が指導部を選出するという党史に刻まれる偉業なのです」

先述の共青団出身の党幹部は、この会議の意義を強調する。

これまで毛沢東や鄧小平といった実力者が「鶴の一声」で後継者を決めていた時代と比べ

れば、党内の限られた幹部による選挙とはいえ、大きな変化と言えた。

ところが、選挙結果は胡の想定したものとは大きく異なった。

この会議に出席した閣僚経験者を親族に持つ党関係者が打ち明ける。

「習近平の得票が、圧倒的に多かったんだ。逆に李克強は、反対票が目立っていたようだ。勢力を拡大する胡錦濤を警戒した『上海閥』と、習と同じ『太子党』グループが共闘して、李の追い落としにかかったようだ」

まさに皮肉な結果と言えた。胡が政治生命を賭けた一大改革が、直系の後継者の立場を危うくさせてしまったのだ。この時の悔しさは生半可なものではなかっただろう。

側近の相次ぐ摘発で土俵際まで追い込まれていた江は、思わぬ「敵失」で九死に一生を得た。そして、意中の習近平を担いで、反転攻勢に出る。

天安門事件首謀者との接触

二人の運命を決めたのも、あの「夏の決戦」だった。

17回党大会の前の２００７年７月、河北省北戴河で非公式会議が開かれた。

政治局員とその経験者だけが出席を許される「予備会議」では、連日、17回党大会で選出する新たな常務委員について話し合われていた。焦点は、胡の後継者候補となる50代の常務委員の選考に絞られた。

会議の主役はやはり江沢民と胡錦濤だった。二人の神経戦が始まった。

「上海閥」の一掃に成功して勢いに乗る胡が、最側近の李克強を後継者に押し通そうとした。劣勢に立たされた江だったが、あるスキャンダルを武器に、胡に一矢報いることとなる。

それは、2012年の会議と同じ光景だった。

それまで黙っていた江が発言を求めた。前月の07年6月にあった「党内選挙」に言及した。

「胡錦濤同志が成し遂げた『民主推薦』は、党内民主を進めた偉業だと評価しています。私たちは、その結果を尊重しようではないか」

習が李を大きく引き離した「選挙」結果を突きつけた。

そしてさらに語気を強める。

「この記事を見てもらいたい。李同志はどうやら反体制分子と付き合いがあるようだ」

2005年に香港で出版された雑誌の切り抜きを出席者に示すようにかざした。

李克強は大学にいた時は、自由な思想を持っており、ずばずばとものを言う学生だった。

著者入手

北京大学時代の李克強（上段右端）

政治の世界に身を置いている今の姿とはずいぶん違っている。

１９８９年5月、学生たちがハンストを始めた時、私と克強は会って意見交換をした。北京大学の頃と変わらず、考え方は鋭敏で、度量が大きいと感じた。

筆者は、１９８９年の天安門事件で中心的な役割を果たしたとして反革命扇動罪で拘束された経済ジャーナリストの王軍濤《ワンチュンタオ》である。懲役13年の実刑判決を受けて服役していたが、94年に病気を理由に釈放され、米国に亡命している。李とは北京大の同窓生で、共青団の活動を共にしていた。

この記事に書かれた「ハンスト」とは、民主と人権、腐敗の追放を求める学生や市民が天安門広場で絶食することで抗議の意志を示したことを指す。6月4日、この学生らに中国軍の部隊が発砲する天安門事件へと発展する。

李が事件直前、「首謀者」の一人と密会していた――。

出席した高官らに衝撃が走った。先述の党閣僚級経験者を親族に持つ党関係者が振り返る。

「体制を揺るがせた天安門事件は、派閥や世代を超えた脅威なんだ。ソ連のゴルバチョフのように体制内から一党支配を覆すリーダーが出ることをみな恐れているんだ」

江が示した一枚の切り抜きが、高官らに悪夢を呼び起こした。すかさず、ある提案をした。

「地方での経験が長く、実績が豊富な習同志を推薦します。何よりも『紅二代』である彼は、共産党への忠誠心が極めて高い」

「紅二代」とは、革命指導者の子弟のことを指す。習の父、習仲勲は、毛沢東とともに抗日戦争を戦っている。鄧小平のライバルだった保守派の重鎮、陳雲・元副首相は、

「天下は高級幹部の子女に引き継ぐべきだ。彼らは党の墓を掘り返すことはない」

と強調し、「紅二代」を党幹部に登用する必要性を訴えたことがある。

広がる所得格差や、はびこる汚職に対する市民の不満が高まり、党への信頼性が揺らぐ中、政権維持を最重視する高官らは、雪崩を打つように習支持に回った。

米国に住んでいる王軍濤に、友人である李克強を批判する攻撃材料として自身が利用され

たことについて、率直に尋ねてみた。王は強い口調で反論した。

「もう20年以上も克強とは会っていないし、連絡もとっていません。江沢民らが習近平を抜擢するための口実に自分が使われただけなんです」

批判票が1％を超えた

李克強を抑え、より上位の常務委員となった習近平は、党の重責を任されるようになる。胡錦濤が総書記になる前に務めた中央党校校長や、党の業務を取り仕切る党中央書記局筆頭書記のほか、２００８年夏に開かれる北京五輪の指導チームの責任者にもなった。

この年の3月の全国人民代表大会（全人代）では、国家副主席に習を選ぶか否かの人事案が審議された。

反対票28　棄権票17

約3千人の全人代代表による投票結果で、批判票が１％を超えた。国家主席に再任された胡錦濤の8票と比べても突出している。共青団出身の政府関係者は説明する。

「承認の判を押すだけの『ゴム印議会』と言われる全人代にしては、異例の批判票の多さと言えます。反対票の多くは、胡錦濤主席や李克強氏の部下らが投じたようです。まだ、李氏の総書記就任を諦めていなかったのでしょう」

胡らはさらに攻勢を強める。「戦場」に選んだのは、やはり夏の北戴河だ。

09年夏、北戴河の非公式会議は、それほど波風は立たずに、終わるはずだった。

同年9月に北京で開かれる第17期中央委員会第4回全体会議（4中全会）がテーマとなった。党中央軍事委員会副主席の人事案について話し合うことが主な議題だった。

軍事委は、軍を統括する最高権力機関。胡は、党トップの総書記、国家元首である国家主席とともに軍事委主席を兼ね、党、国家、軍の3権を握っている。ナンバー2である軍事委副主席は、国家指導者になるために欠かせない条件で、胡も1999年の第15期4中全会でこのポストに選ばれている。

習も胡にならって、4中全会で軍事委副主席に就くとみられていた。ところが「番狂わせ」が起こる。党高官経験者を親族に持つ政府関係者が、会議の様子を振り返る。

「習近平を軍事委副主席に選出する人事案の提案が検討されていたんだ。ところが、胡錦濤に近い高官らから、『時期尚早だ』との意見が相次いだ。その直前の7月に新疆ウイグル自治区で起きた騒乱事件への対処が疑問視されたのだ」

新疆ウイグル自治区のウルムチで09年7月、多数の市民と武装警察が衝突し、1千人以上が死傷する事件が起きた。この時、ちょうど胡は外遊中で、習が代理の責任者だったが、被害が拡大し、胡が緊急帰国する事態となった。胡に近い党や軍の幹部の一部が、習の指導力を批判した。

この会議で習は自ら軍事委副主席への就任を辞退する形で、先送りが了承された。このことは、それまで順調だった次期最高指導者への歩みが止まったことを意味する。胡が引退する18回党大会まであと3年。はしごを外された習は、焦った。

それまで江や胡の陰に隠れて、じっとしていた習本人が、決起する。3カ月後に控えていた国家副主席として初めての日本訪問に照準を合わせた。

勝負ネクタイは青

2009年12月14日、首相官邸の会見室。習近平は大柄の体をゆっくりと揺らしながら入って来た。報道陣のフラッシュにまぶしそうに目をしばたたかせながらこわばった表情で、待っていた首相の鳩山由紀夫と握手を交わした。

私は会見室の遠くから眺めていたが、習の緊張が伝わってきた。

「未来のリーダーとしてお出ましをいただいたことは、日中関係の将来にとって大変すばらしいことです」

鳩山がこう切り出すと、習の顔が引きつったのがわかった。横にいた側近らと困った表情で目を見合わせていた。

習が焦ったのには理由があった。次期最高指導者の有力候補とはいえ、まだ公表していない人事を話題にすることは共産党内において最大のタブーだからだ。口を滑らせれば、党内で批判の対象になりかねない。

しかもその3カ月前に、確実視されていた中央軍事委員会副主席のポストを逃した習にとっては、なおさら触れてほしくない敏感な話題だ。同行した中国政府関係者は振り返る。

「事前に日本側と打ち合わせをしていなかったセリフでした。鳩山首相がアドリブで言ったのでしょう。副主席は相当お怒りだったようで、会談後、『なぜあんなことを言わせるのだ』と随行員を怒っておられました」

すぐに習は座り直し、鳩山の不規則発言を取り繕うように言葉をつないだ。

「私の訪問のために周到な手配をしていただいたことに心から感謝いたします。胡錦濤国家主席、温家宝首相から、くれぐれもよろしく伝えてください、とのメッセージを預かって参りました」

わざわざ上司のことに言及して、しっかりと立てることを忘れなかった。

会談は終始、友好的な雰囲気の中で進んだ。

私は、会場を去ろうとする習の胸元を見て、ふと気づいた。

ネクタイの色が違う——。

見たことのない鮮やかな青色だ。

党の内規で、政治局常務委員の服装は、えんじ色か赤のネクタイに濃紺のスーツと決められている。習も常務委員になってからこのスタイルを守ってきた。しかもこの日午後、羽田空港に到着したときは、えんじ色のネクタイを締めていた。

わざわざ鳩山との会談前に変えていたのだ。元党高官を親族に持つ党関係者がその理由を明かす。

「青は、習近平の好きな色なんだよ。この日を境に重要なイベントには青色のネクタイを着けるようになったんだ。私が高官から聞いた話では、習が『新たな指導者のイメージを打ち出した方がいい』として、服装の内規を緩和するように提案し、改定されたんだ。それだけ今回の訪日に賭ける意気込みが強かったということがわかるだろう」

いわば習の「勝負ネクタイ」だ。翌年の訪米や重要会議でも青のネクタイを着用している場面が増えた。

日本人の感覚からすれば、ささいなことに感じるだろう。しかし、前例踏襲を重視する共産党において、内規を変えるのは簡単ではない。

それまで長老や先輩らの陰に潜んで沈黙を貫いていた習が、次期トップの座の獲得に向けて始動したサインでもあった。

そして今回の訪日では、どうしても成功させなければならない重要なミッションがあった。

ターゲットは小沢一郎

「とっとと中国に帰れ」

「日本国民はおまえを歓迎していない」

鳩山会談の翌日の15日、ふだんは静寂に包まれている東京都心の赤坂迎賓館一帯は朝から、抗議の怒号が響き渡った。

隣接するホテルニューオータニには習一行が宿泊していた。私も同じホテル内にいたが、街宣車のスピーカーの爆音が、私が待機していた室内にも届いた。

習の耳にも届いているはずだ。随行した中国政府関係者にこの時のことを尋ねた。

「もちろんよく聞こえましたよ。副主席は特にコメントしませんでしたが、戸惑われているのがわかりました。ホテルだけではなく、会見場所やレストランと行く先々で抗議の声が聞こえました。我が国の首脳が、国内であのような抗議行動に遭うことはありませんから、さぞかし驚かれたと思います」

激しい反発が巻き起こるきっかけとなったのが、この日予定されていた天皇との会見だった。外国要人が天皇と会見するには、１カ月前までに申し込むことになっている。天皇が03年に前立腺がんの手術を受けたのをきっかけに、宮内庁が健康を考慮して外務省に要請したルールだった。

ところが中国外務省が習の訪日のスケジュールを日本側に連絡してきたのは11月19日。すでに会見まで１カ月を切っていた。

「陛下と会見する際の『１カ月前ルール』については、中国側に伝えており、早く日程を決めるように催促しました。にもかかわらず、中国側は『政府の重要会議の日程が決まらない』と言って返事をしてきませんでした」

当時、中国側とやりとりをしていた日本外務省関係者は証言する。

重要会議とは、毎年12月に翌年の経済運営の基本方針について話し合う中央経済工作会議のことだ。習氏を含む指導部メンバーは必ず参加する。

その日時が確定しなかったため、訪日や会見の日程が決められなかった。その理由について、共産党で対日政策にかかわる関係者は、

「李克強氏に近い党幹部が、経済工作会議の日程決定をわざわざ遅らせた、という話を聞きました」

と打ち明ける。李周辺が、ライバルである習の天皇会見を妨害した、というのだ。

李側の思惑通りに事が進む。首相の鳩山由紀夫が「1カ月ルール」を曲げず、天皇会見を断ることを決めた。代わりに国賓待遇の晩餐会を開くことを中国外務省に打診してきた。

外相の楊潔篪《ヤンチエチー》から一連の報告を受けた習は却下し、こう厳命した。

「天皇との会見がなければ、訪日しない。あらゆる手段を使ってでも実現させるのだ」

習が反撃の狼煙《のろし》を上げた。

東京の中国大使館員らが総出で、首相官邸や民主党幹部に働きかけた。

ターゲットに絞ったのが、民主党幹事長、小沢一郎だった。楊はすぐさま訪日し、国会内の幹事長室に出向いて懇願している。

小沢は実は、李克強とのつきあいが長い。共青団の訪日団として来日した李を、岩手県水沢市の実家に泊めたこともある。小沢に近い民主党幹部は二人の関係について、

「元々は親密でしたが、習氏が次期総書記の最有力候補になると、小沢さんが李氏と距離を置き始めました。習氏との関係を気にしていたのでしょう」

と分析する。習は、二人の間に流れるすきま風を見逃さなかった。党内随一の実力者である小沢に徹底攻勢をかけた。

作戦は奏功する。反対していた宮内庁が小沢らに押し切られる形で、土壇場で天皇会見に応じたのだ。

ふだんはじっとしている。だが、勝負どころだと判断すると、どんな手を使ってでも一気呵成《かせい》に攻めてくる。

これが、習の「勝負強さ」だった。

トップを射止めた天皇会見

中国の指導者はなぜ、これほど天皇にこだわるのだろうか。

中国人にとって、天皇は日中戦争の最高責任者だという意識は強い。一方で、長い歴史を持つ国家元首という特別な存在でもある。歴代の指導者は、天皇と接近することで、政治的に利用してきた。

1949年の建国以降、中国の指導者として初めて天皇と会見したのが、78年に副首相として来日した鄧小平だ。改革開放政策を進めるにあたって、日本の資金や技術協力を必要としていた。92年10月には天皇の訪中を実現させている。その3年前に起きた天安門事件の後遺症で国際的に孤立していた状況を打開する狙いがあった。

習が強く意識していたのが、前任の胡錦濤の98年の訪日だ。

胡は国家副主席になったその年に訪日して天皇と会見している。共産党内では、天皇会見がトップに就くためのいわばステップとなっていた。胡と同じ道をたどることで、次期指導者としての箔付けをしたかったのだろう。

天皇会見への意気込みの強さは、当日の習のしぐさからも見て取れる。

参院議長の江田五月と会談中、習は時計をちらちら見て、随行者に目配せをし始めた。あいさつを済ませると、予定時間を10分以上も早く切り上げ、議長公邸をあとにした。天皇と会見する25分前には、皇居に着いていた。

宮殿「竹の間」の扉が開いた。部屋に足を踏み入れる直前、出迎えた天皇に向かって、深々とお辞儀をした。随行者の一人が詳述する。

「ちょうどカメラを構える記者団からは見えない位置でした。でも、天皇陛下にはしっかりと見えたでしょう。中国内の世論に気を遣いながらも、礼を尽くされたのだと思います」

　無理を押して会ってくれる天皇には謝意を表したい。だが、頭を下げている姿が中国内で報じられれば、強い反発を招きかねない。双方に気を遣いながら考えた末のぎりぎりの行動と言えた。

「わざわざご引見していただいたことに深く感謝いたします」

　習は冒頭、天皇に礼を述べた。24分間にわたり、前年に起きた四川大地震や、天皇の即位20年に対するお祝いなど、和やかな会話が交わされた。会談の終了間際、習は再び同じセリフを繰り返した。

「お忙しい中、わざわざご引見の機会を作っていただいたことに深く感謝します」

　短い会見の中で、謝意を2度述べることは異例のことだ。前出の随行員は、

「日本政府からは99％実現が難しいと言われていたので、副主席は心底感謝されたのだと思います」

　と、習の心情を読む。

　この年の10月、習は念願の軍事委副主席に就任した。

　頂点への道を確かなものにした。

何が勝負を分けたのか

常にトップを走ってきた李克強がなぜ、一時は党幹部の中で最下位だった習近平に大逆転されたのだろうか。

私は、二人の間にあるこの圧倒的な落差こそが要因の一つだと考えている。

出世競争が厳しい中国共産党内においては、トップに近づけば近づくほど、反発や批判を受けやすくなる。仮に100人のライバルの中でトップに立った瞬間、追い落とそうとする99人から攻撃の標的となるのだ。

30年以上にわたりナンバー1だった李は、このプレッシャーに耐えきれなくなったのではないか。共青団出身で地方政府トップの経験がある党幹部にこの仮説を投げかけた。

「地方政府の書記には中央から落下傘として派遣された幹部が就いて、地元のたたき上げが占める省長や市長をまとめ上げなければならないんだ。私も、ある自治体の書記を数年間務めていたことがあるけれど、中央と地元の幹部らとの調整に苦労し、心身ともに疲れたよ。過労とストレスから肝硬変を患ったほどだ。習近平氏は地元の生え抜き幹部に仕事を任せて、適度に距離を置いていたようだ。でも、李克強氏は全力で取り組み過ぎたために、部下らから反発を受けることもあった。河南省時代に起きた『エイズ村』の問題が最たる例ではないだろうか」

李が１９９９年に省長になった河南省には「エイズ村」と呼ばれるＨＩＶ感染が深刻な農村が点在していた。農民の売血の際、闇業者が注射針を使い回したことが主な原因で、住民の半数以上が感染者という村もあった。感染者は数十万人に拡大した。

この党幹部は続ける。

「李克強氏は必死に解決しようとしたようだが、たたき上げの幹部らは自分たちの責任から逃れようと、情報を隠そうとしたんだ。対応に悩んだ李氏は辞表を出したようだが、胡錦濤氏が慰留した。李氏が問題を起こしたわけではないのに、このことは足を引っ張ろうとする党高官から厳しく責任追及されたのだ」

17回党大会後も、胡ら共青団系の幹部が「再逆転」をかけて、必死に李をもり立てようとしたが、かなわなかった。常に勝つことを周囲から期待されて全力疾走をしてきた駿馬《しゅんめ》に、最終の第４コーナーで追い上げる気力も体力も残されていなかった。

一方、スロースタートでゴールまで最も遠かったダークホースは、最後の一騎打ちに向け、しっかりと脚をためていた。ピラミッドの頂点を目指すためのさまざまな下準備をしていた。習の肩書からも周到ぶりがわかる。

最高指導部入りした時の共産党が発表した習近平の略歴にはほかの高官とは異なる肩書がある。

武装部党委第1書記▽軍分区党委第1書記▽高射砲予備役師団第1政治委員▽国防委員会主任……。

福建省や浙江省などの地方で勤務していた時から、党の肩書とともに、地域での軍の役職もわざわざ書かれている。胡錦濤らほかの常務委員にはなかったものなので、目を引いた。

元党幹部を親族に持ち習家とも付き合いがある政府幹部は、父の習仲勲・元副首相の名前を挙げる。

「習仲勲が毛沢東から直接聞いた『指導者になるには軍の経歴が必要だ』という教えに忠実に従ったみたいだよ。習近平が大学卒業後すぐに中央軍事委員会の弁公庁に勤めたのも、将来を見据えた布石だったようだね。軍所属の有名歌手を妻としたこともプラスに作用したみたいだ」

軍関係者に習の評価を尋ねるときまって、「我们的人（私たちの人）」という答えが返ってくる。「同じグループ」という意識が強い言葉で、軍人が習に対してきわめて強い親近感を持っていることを示している。

軍歴を持たない胡錦濤や江沢民が、軍を掌握するのに時間がかかったのと比べると、こうした経歴は有利に働いた。胡が、軍事委員会主席を含めたすべてのポストを習に譲るときにも、「習同志は地方の指導者のときから、軍隊に関する業務に参画していた」と理由を説明している。

李克強と習近平の性格の違いも最高指導者になる上で、重要なポイントとなった。

経済学の修士と法律学の博士を持ち、弁も立つ李だが、党内での人気が必ずしも高いわけではない。特に長老たちの評判が芳しくなく、党内選挙でも批判票を重ねる結果となった。

前出の北京大の同窓生、王軍濤は、

「大学時代から論客だったが、相手を論破し過ぎて煙たがられることもあった」

とも指摘する。

習も02年、清華大学から法律博士をもらっているが、この時、浙江省副書記を務めていた。党務をこなしながら千キロ以上離れた大学に通うことは難しく、実力ではなくコネで取得したという疑惑がくすぶっている。

李との能力の差は明らかなように見える。だが、前出の閣僚級幹部経験者を親族に持つ党関係者の見方は、私とは異なる。

「おまえの言うように李克強の方が個人としては有能なのは確かだが、同じぐらい頭脳明晰《めいせき》な党員は、我が党にはいくらでもいるんだ。最高指導者にとって最も重要なのは、そのたくさんの優秀な党員たちをまとめ上げていく『団結力』なんだ。習近平は、引退した高官宅をまめに慰問し、部下の意見にもじっくりと耳を傾けてきた。私の知る限り、この能力において習よりたけた人物は党内にはいないと思っている」

中国の歴史は、内紛と分裂を繰り返してきた。歴代の皇帝は、広大な国土と膨大な人口をまとめていくのに苦心してきた。共産党も建国以来、内部抗争が絶えず、何度も危機に直面しながらも、崩壊には至らなかった。

毛沢東が抗日戦争以来、講話や会議で何度も唱えてきた「団結」こそが、何よりも重要視されており、指導者にとって最も必要な素養とされているのだ。

現代中国が腐敗や環境問題、所得格差などの深刻な問題に直面するからこそ党が新しいリーダーに求めた能力も、この「団結力」だったのだろう。

習が最大のライバルに競り勝ち、最高指導者に決まりかけたその時、反逆の動きが、足元から火を噴くことになる。

それは、薄熙来事件に端を発した共産中国が始まって以来最大の政治事件であった。

第八章

クーデター

REUTERS/AFLO

謀略を張り巡らせ中国皇帝になろうとした薄熙来

最も神秘的な刑務所

北京の中心部から北へ30キロほど離れた昌平区興寿鎮。北京の中心街から車で30分ほどなのに、民家もまばらで、山裾に向かって小麦やトウモロコシ畑が広がっている。付近には温泉がわき出ており、北京市民の観光スポットにもなっている。

こののどかな風景とは不釣り合いなくすんだ灰色のれんが造りの強大な建物群が見えた。外界と遮断する高さ10メートル近い壁が敷地を取り囲んでいる。監視カメラが門や壁の至る所に設けられている。何度か足を運んだが、何とも近寄りがたい異様な雰囲気を放っていた。

秦城《しんじょう》監獄——。

「最も神秘的な刑務所」と呼ばれている。1960年にソ連の援助で建てられた。司法省が管理しているほかの刑務所とは異なり、全国で唯一、公安省が管轄する。

囚人は、政府高官を含める政治犯が大半である。文化大革命中には、多数の高官やその家族が収容された。文革を主導した毛沢東夫人の江青ら「四人組」も拘置されたことがある。

改革開放後では、党中枢の政治局員の地位にあった二人の政治局員経験者が、相次いで汚職などの罪で実刑判決を受けて収監された。98年の陳希同《チェンシートン》・北京市書記と、２００８年の陳良宇《チェンリアンユイ》・上海市書記だ。いずれも時の最高指導者のライバルとみなされた直轄市トップの実力者で、政治局常務委員会入りを目前にして失脚に追い込まれている。

この監獄は、激しい権力闘争に破れ、政治生命がついえた者が行き着く、中国共産党にとっての「墓場」なのだ。

秦城監獄を管理する公安省の元幹部が、ベールに包まれた内部の状況を教えてくれた。

「れんが造りの獄舎が10棟あり、その中の貴賓棟には党や政府の幹部が入ることができる。ここはすべて独房で、20平方メートルほどの広さがあり、ベッドと机、トイレが備え付けられている。一般の囚人の食事はご飯とスープ、おかず1品のみだが、貴賓棟はもう1品多く、高級レストランから引き抜かれたコックがつくっているんだ。囚人服は着なくてもよく、テレビや新聞も見ることもできるんだ」

面会が制限されている以外は、ほぼふだんの暮らしと変わらない特別待遇が与えられている。中国社会に広がる貧富の格差は、塀の中にまで及んでいた。

そして２０１３年９月、二人の陳に続く新たな政治局員経験者が、この監獄に足を踏み入れた。

重慶市書記だった薄熙来だ。父で副首相を務めた薄一波も、文化大革命で失脚した際、この監獄につながれていた。親子2代でここに収容されることになった。

重慶市は北京や上海と並ぶ直轄市だが沿岸部の発展から取り残されており、貧富の格差が拡大していた。薄が就任してから、「共に豊かになる」というスローガンを掲げ、所得が低い市民のための公共住宅を建てたり起業支援のための融資制度をつくり、庶民の支持を広げていった。

毛沢東時代を思い起こさせる「革命歌を歌おう」キャンペーンは、全国的に流行となり、中央政府からも注目された。国家副主席だった習近平をはじめ、高官らが相次いで重慶を視察し、薄の業績を褒めたたえた。

第18回党大会で、最高指導部入りが確実視されていた矢先に、暗雲が立ちこめる。

第四章で触れたように、腹心の部下である王立軍《ワンリージュン》・重慶市副市長が12年2月6日、四川省成都市の米総領事館に駆け込む事件が起きた。そのわずか1カ月後には、監督責任を問われて薄自身も市書記を解任されている。党トップ25人から成る政治局メンバーを兼ねる高官の突然の失脚だった。国民の人気が高く、党内の保守派から支持を集める薄への処分には、党内外で強い不満が巻き起こった。

私にはあまりにも性急で強引な処分に見えた。だが、その直後に出された一通の内部通知に記されたある記述を見て、今回の事件の闇の深さを感じた。

「新中国が始まって以来の複雑かつ深刻な事件であり、薄熙来解任の措置は、党と政府の尊厳を守るのに有益である。いかなる個人も党の力を超える独断専行をしてはならない」

総書記直属の秘書室にあたる党中央弁公庁から、政府や軍、大学などの党組織の幹部のみに配られたもので、一般には公開されていない。そこには、今回の事件の重大性とともに、指導部への忠誠を求める文言が記されていた。

最初にこの記述を読んだ時、違和感を覚えた。特に「新中国が始まって以来」という文言に引っかかった。

１９４９年に共産中国が誕生してから、大事件はいくつもあったからだ。その一例が、71年の林彪《リンピャオ》事件だ。

党ナンバー２の副主席だった林が、主席の毛沢東の暗殺を含むクーデターを起こそうとしたが失敗。軍用機でソ連に逃亡を図ったが、途中のモンゴルで墜落死した。

中国の民主化を求めて北京・天安門広場に集まった学生らに軍が発砲した89年の天安門事件も、党の支配を大きく揺るがし、いまだに後遺症が残っている。

薄熙来は、党内の実力者とはいえ、最高指導部メンバーには入っていない。部下が亡命しようとしたことだけをもって、これだけ危機感に満ちた内部通知を出すことは、これまでに見たことはなかった。

ところが、しだいにこの内容が決して大げさではないことがわかってきた。

重慶市書記を解かれた約1カ月後、兼務していた政治局員も含めた全役職を解任された。

しかもこのとき併せて発表された事実を見たとき、私は思わず声を出して驚いた。

薄の妻が使用人とともに、知人の英国人実業家を殺害した、という衝撃的な内容だった。

党高官の家族に殺人容疑がかけられるという前代未聞の事件に発展する。薄本人も2044万元（3億7千万円）もの収賄などの罪で起訴され、2013年9月に無期懲役の判決を言い渡された。

これだけでも十分過ぎるほど衝撃的な事件だ。

だが、これはまだほんの序章に過ぎなかった。

逮捕者は25万人超

トラもハエも退治しろ――。
習近平が2012年11月に党総書記に就くと、こうした刺激的なスローガンを掲げ、大規

REUTERS＝共同

徐才厚は軍代表として、各国の国防関係者と交わった（左はゲーツ米国国防長官）。

模な腐敗撲滅キャンペーンを展開した。「ハエ」とは一般党員、「トラ」は高官を指す。

就任して2年余りで、25万人を超える共産党員を逮捕・処分した。私の知人の共産党・政府の官僚も数人が拘束されたり連絡が取れなくなったりしている。まさに腐敗官僚を根こそぎ摘発する勢いだ。

摘発が進むごとに階級は上がっていき、元四川省副省長や公安省の現役次官ら高官50人余りが取り調べられた。

そして新中国が建国されてから前例のないほどの高官が相次いで汚職で摘発される。14年6月、前党中央軍事委員会副主席の徐才厚《シュイツァイホウ》が、職権を悪用して賄賂を受け取ったとして党籍剥奪《はくだつ》の処分となった。軍の元最高幹部が汚職で摘発されるのは初めてのことだ。

その半年後の12月には、政治局常務委員を務めた周永康《チョウヨンカン》の党籍を剝奪し、逮捕することを発表した。常務委員経験者が汚職容疑で刑事責任を問われるのは１９４９年の建国以来、これも初めてのことだ。

主な容疑は巨額な賄賂を受け取ったことだが、党の発表には、

「党の政治・組織・機密保持の規律に重大な違反をした」

「権力や金銭を通じて多数の女性と性的関係を結んだ」

など、薄熙来の時よりも事件の悪質性を強調する文言が目立った。

周の家族や部下が取り調べられているという情報は、前から耳に入っていた。しかし、本人の摘発については否定的な見方を示す党関係者も少なくなかった。かくいう私自身もそうだった。

というのも、中国共産党内には、党最高指導部の政治局常務委員経験者は刑事責任に問わないという不文律があるからだ。絶大な権力を持つ常務委員同士が、摘発の応酬を繰り広げ、権力闘争が激しくなることを避けるために決められていた。たった9人（習指導部は7人）の常務委員はいわば「神」のような存在であり、聖域化されていると思っていた。

にもかかわらず、習は就任後のわずかな期間で、多くの人が不可能だと思っていた摘発を

ためらいもなく展開した。

この時、共産党や政府は、深刻になっている腐敗にくさびを打ち込み、法治を実現するために努力した、と公式メディアを通じて意義を強調している。

日本を含む外国メディアには、習近平が政権基盤を固めるためにしかけた権力闘争との見方や、腐敗に対して高まる国民の不満に危機感を抱いて取り組んでいるという分析もあった。

おそらくどれも正しいのだろう。

だが、これだけで十分に説明できているとは思えない。共産党の腐敗は今に始まった話ではなく、権力基盤を固めるために政敵に汚職の罪をかぶせて失脚させるやり方は、これまでにも繰り返されてきている。だが、今回は摘発する人数にしても、彼らの役職の高さにしても、過去に例がない。

習近平はなぜ、薄熙来だけではなく、聖域を侵してまで徐才厚や周永康らを摘発したのか。

そしてなぜ、就任してまもないのに何かにせかされるように彼らを失脚に追いこんだのか。

この疑問を解明するため、党中枢の事情を知る関係者らの話を聞いていくと、実はバラバラに見えるそれぞれの事件が、一つの〝地下茎〟でつながっていることがおぼろげながらもわかってきた。

実は、ある軍高官の汚職事件が、一連の腐敗撲滅キャンペーンの端緒になっていた、と関係者は口をそろえる。私は、その事件の舞台となった現場に潜入することから始めた。

〝将軍府〟の主は戻らず

中国内陸部にある河南省。省を東西に貫く黄河が、肥沃《ひよく》な大地を育み、豊かな農作物をもたらしてきた。中国古代文明の発祥の地で、いくつもの王朝が都を構えた。中国最大の人口約1億人を有する省だが、農業以外に目ぼしい産業がなく、近代の経済発展に乗り遅れた貧困地域を抱えている。

2013年1月10日、北京から車を走らせた。河北省を通り、河南省に入ると景色が一変する。

高層のビルやマンションが姿を消し、砂ぼこりが舞う黄土色の大地が地平線まで広がる。高速道路を南下すると、灰色の建物群が見えてきた。

河南省濮陽《プーヤン》市。街角にはバラックが残っており、低層の雑居ビルが無造作に立ち並んでいる。白昼だというのにヘッドライトをつけなければならないほどのスモッグと粉じんが交じったような空気が、重く垂れ込めている。

百貨店やオフィスビルが集まる市中心部に、ぽっかりと穴のあいたような広大な敷地を見つけた。約2ヘクタールの中庭を取り囲むように、重厚な灰色の2階建ての4棟が建っている。中国の伝統的な家屋、四合院と言われる建物だ。

隣接するビルから眺めると、外界と遮断するように、その周りを鉄条網のついた高さ3メートル近い壁が覆っている。大理石でできた門の脇には、巨大な山水画が掲げられており、象や竜の石像が置かれている。金で壁を装飾した茶室も見える。美術館や博物館を思わせるような荘厳な家屋と装飾品ばかりだ。

ただ、閉ざされた門の向こう側には、人の気配が感じられない。大型犬とみられる野太いほえ声だけが響いている。

近くを通りかかった初老の男性に、この豪邸について尋ねた。

「ここは、近所の住民の間では『将軍府』と呼ばれているんだ。でも、1年ほど前から主《あるじ》は帰ってきていないみたいだな」

男性は「劉《リウ》」と名乗り、近くにある集合住宅のワンルームに妻と暮らしているのだそうだ。かつて軍で働いており、今は引退して年金生活を送っている。

「この家の主は、同じ軍人でも俺たちとは比べものにならないほどの大金持ちなんだ。そこに見える倉庫には、金塊や骨董品がぎっしり詰め込まれている、とうわさだよ」

「主」とは、中国軍のなかで、予算や物品調達を担当する総後勤部の副部長だった谷俊《クーチュン》山《シャン》・中将のことだ。２３０万人を抱える人民解放軍の中でトップ30に入る高官の一人。軍用地や兵舎を管理する部門の責任者を務めていた。

「最も資金を動かせるポスト」（軍関係者）とされ、軍用地の売却や施設を建てる決裁の権限を持つ。

劉は続ける。

「この一帯は軍用地だったけれど、地元出身の谷氏が5年ほど前に知り合いの不動産会社に安く売り、代わりに『将軍府』を建てさせたんだ。隣接する敷地に建てられたビルの中にできた高級ナイトクラブは、谷氏が直接経営にかかわっているみたいだぞ」

ところが、権勢をほしいままにしていた谷に、突如異変が起こる。

12年2月、国防省は突然、谷の解任を発表した。理由は明らかにされなかったが、谷は公の場から姿を消した。

そして私が「将軍府」を訪れた2日後の13年1月12日深夜、迷彩服を着た数十人の武装警察隊員を乗せた濃緑の軍トラックが「将軍府」の玄関に横付けされた。隊員は敷地内にあった石像や絵画、金塊のほか、一本2万元（36万円）以上する軍特製の年代物の白酒、「茅台《マオタイ》酒《チウ》」が入った箱を約５００ケース運び出し、トラックに積み込んだ。

軍の捜査機関による家宅捜索だ。軍幹部の一人が真相を語ってくれた。

「谷俊山は、収賄容疑で軍の捜査機関に拘束されて取り調べを受けたのです。軍が持っている資産価値で総額3千億元（約5兆4千万円）の土地や住宅を知人の不動産会社に10分の1ほどの安値で売却していました。その見返りとして、総額200億元（約3600億円）を超える賄賂を受け取っていたのです」

日本とは比べものにならないほどの収賄額だ。人民解放軍が創立して以来の最大の汚職事件に発展した。だが、当局による捜査はこれで終わらなかった。

谷の事件は、軍と共産党を揺るがせる大疑獄に発展していく。

軍の階級を売っている

谷俊山は元々、済南軍区の下に属する濮陽軍分区の大尉に過ぎなかった。ところが、ある高官との出会いが、運命を大きく変えることになる。

党中央軍事委員会副主席、徐才厚だ。

遼寧省大連の出身。東北部の部隊で過ごした後、1996年に済南軍区政治委員になった。

ここで二人は上司と部下の関係となる。済南軍区で二人と一緒だった元軍幹部は、当時の状況を振り返る。

「谷俊山は、視察をする高官を接待する責任者で、頭の回転が速くて気が利くので、上司たちに好かれていたんだ。特に出世頭と目されていた徐才厚には接待攻勢をかけ、視察のたびに部隊にいる若くて美しい女性兵士を同伴させていたんだ。このうちの何人かを徐が気に入り私設秘書にしていたようだ。谷が徐の長女の結婚式には、数百キロの金塊をプレゼントしたことは、部隊内でも語りぐさだよ」

カネと女で徐にうまく取り入った谷は、順調に出世の階段を駆け上がる。徐が２００２年に人事や思想、軍法を管理する総政治部トップの主任になると、谷も北京に呼び寄せられ、中国全土の軍の不動産を一手に引き受けるポストに就いた。翌03年に少将、11年には中将となり、軍内最速の昇進と評された。

さらに二人は、ある「闇ビジネス」をしていた、と長年にわたり軍の腐敗問題を研究している軍シンクタンク研究員が語る。

「軍の階級を売っていたんだ。相場は最低でも、下級幹部に昇格する場合は50万元（９００万円）、将官になるには約３千万元（５億４千万円）が必要と言われている。入隊するだけでも、謝礼として６万元（１０８万円）前後が求められていた。谷を通じて、軍の人事のピラミッドの頂点にいる徐に上納される仕組みになっていたわけなんだ」

こうした行為は中国では「売官」と呼ばれ、秦や漢の時代から行われていた。能力に応じた公平な人事ができないだけではなく、資金をつくるためにさらに賄賂を求めるようになり、腐敗の原因ともなってきた。軍幹部ですら月給は1万元（18万円）に満たず、これだけ多額の上納金を捻出することはほぼ不可能だ。

「軍の捜査機関が調べただけで、徐氏らによる『売官』は５００件に上り、総額は１００億元（１８００億円）を超えることがわかったんだ。徐氏が軍事委副主席になってから、自分の子飼いや金もうけばかりしている幹部を登用するようになってしまい、有能でまじめな幹部が疎外され、昇進しづらくなったのだ」

ほとんどの軍幹部が強大な権限を持つ徐になびく中、軍の規律や秩序の乱れを案じる高官もいた。この軍シンクタンク研究員は、ある軍高官の名前を挙げる。

「総後勤部政治委員の劉源《リウユワン》・上将だ。劉氏は、深刻になっている軍の腐敗に危機感を抱いていて、私を含めた軍内の専門家に内々に汚職対策について意見を求めていたんだ。中でも直属の部下である谷俊山の度を超えた収賄疑惑を問題視しており、部下に極秘で調査を指示して証拠を集めていたのだ」

劉源は、元国家主席の劉少奇《リウシャオチー》を父に持つ。当時ナンバー2まで上り詰めたものの、毛沢東が1966年に発動した文化大革命で、「資本主義の道を歩む実権派」と攻撃されて失脚し、69年に非業の死を遂げた。名誉が回復されたのは、文革後の80年になってからだ。

劉源自身も批判の対象となり、学校内や下放先の山西省の農村でもつるし上げられたという。父の名誉回復後、河南省の地方幹部から副省長となり、その後武装警察と軍を渡り歩き、2009年に最高位の上将となった。

「太子党」と呼ばれる高官子弟である劉は、党や軍の中に持っている幅広い人脈を生かし、谷の不正にかかわる証拠をかき集め、11年末に北京で開かれた軍事委の内部会議で告発に踏み切った。

だが、この試みは失敗に終わったようだ。軍シンクタンク研究員が続ける。

「腹心の部下である谷俊山をかばうため、徐才厚が黙殺してしまったんだ。制服組トップが首を縦に振らなければ軍高官の摘発はできない。逆に告発した劉源氏の立場が危うくなってしまった。何度か暗殺されそうになったこともあったとうわさされている」

追い込まれた劉は、最後のカードを切って逆襲に出る。

2012年2月初め、劉源は、軍事委員会副主席を兼ねていた習近平にひそかに会い、谷俊山の疑惑について直接進言した。劉は小さいころから、習と中南海で生活圏をともにしている。

劉は幼なじみに最後の望みを賭けた。習は、徐才厚には知られないように秘密裏に捜査を続けていくことを請け合った。軍シンクタンク研究員は指摘する。

「習近平氏は、軍トップの胡錦濤氏にも了承を取りつけ、谷俊山の本格捜査を始めるように劉源氏に命じた。習氏と劉氏の個人的な信頼関係があったからできたんだろう。谷が不正に手に入れた金を調べていくうちに、かなりの額が徐才厚に流れていることがわかってきたんだ。谷を摘発すれば、徐も捜査せざるを得なくなる。これまで制服組トップが汚職で立件された例はなく、軍内の強い反発は避けられず、習氏らもためらっていたようだ。ところが、その直後に起きた事件が、二の足を踏む指導部を動かすことになったのだ」

王が明かした「クーデター計画」

この軍シンクタンク研究員が関係を指摘するのが、王立軍・重慶市副市長が２０１２年２月６日に四川省成都の米総領事館に駆け込んだ事件だ。第四章でも述べた重慶市の薄熙来書記が失脚する引き金となった。

「王立軍は現場にいたときから、捜査のための盗聴技術を学んでいた。薄熙来はほかの高官の動向を探るため、王に『紅線電話』の盗聴をさせていたのだ。その際、王はひそかに薄の電話も盗聴して録音していたようだ。米総領事館に駆け込んだ時にその録音記録を持ち込んだようなのだが、私にはどんな内容かはわからない。党内でも一部の高官しか知りえない極秘事項なんだ」

すでに紹介しているように、「紅線電話」とは、党や政府の次官級以上の高官のほか、国有企業の社長、党機関紙幹部ら数百人の執務室をつなぐ専用電話のことだ。

王立軍による駆け込み事件が起きた直後の2月10日、国防省は谷俊山の解任を発表した。このことは、指導部が、谷や上司の徐才厚に対して本格捜査を始めたことを意味した。

では、いったい王はどのような会話を録音していたのだろうか。関係者の口は重く、なかなか確認がとれなかった。

そんな中、元党高官を親族に持つ党関係者が、政権中枢に近い人物から聞いた話としてにわかに信じがたい証言を耳打ちしてくれた。

「薄熙来が、徐才厚らとともに『政変』を起こす準備をひそかに進めていたようなんだ。18回党大会で総書記になった習近平を引きずり下ろして、薄自らがトップに就く計画を企てていたらしい。真相は今でもわからないが、習指導部に対して何らかの謀略を画策していたことは間違いない。薄や徐らを摘発しなければ、習が逆に失脚させられかねない非常に緊迫した状況だったわけだ」

２００７年の17回党大会で習近平は、５年後に引退しないで残留する常務委員の中では最高位の序列６位となり、次期総書記になることが内定していたことは前に述べた。

この時、薄も常務委員の有力候補の一人だったが、格下の政治局員に甘んじていた。薄らがそれを覆して、自らが総書記の座を狙おうとすることは、紛れもなく「クーデター」だ。しかも、実質的に軍権を握る制服組トップが共謀していたとなれば、建国以来最大の危機と認定したこともうなずける。

それでも、いくつかの疑問が残る。

薄熙来も習近平も、副首相を務めた実力者の父を持つ「太子党」に属すると、日本や外国のメディアは定義している。なぜ同じグループの仲間同士が対立したのだろうか。また徐才厚がどこで薄と知り合って、どのように協力して政権転覆を謀ることになったのか。

知れば知るほど謎が深まる。

これらの事実を掘り下げるべく、薄が政治人生の大半を過ごした遼寧省大連市に飛んだ。

薄の不正蓄財は7200億円

中国東北部にある遼東半島の先端、渤海湾に面した大連市。港を見下ろす市内には、パリの街並みを思い起こさせる西洋風の大通りや、古い日本風の屋敷が並ぶ一角がある。戦前、ロシアと日本が租借していた頃のなごりが残る異国情緒にあふれた都市だ。

市中心部に29階建ての五つ星ホテルがそびえ立っている。最上階にはゆっくりと回転する円形の展望レストランがあり、日本人向けの高級クラブやレストランが入る。28階には一般客が立ち入ることができない。

全フロアをぶち抜いて一部屋が設けられており、全面ガラス張りで、港を一望することができる。

28階でエレベーターを降りようとすると、女性従業員に呼び止められた。

「このフロアには一般客は泊まることができないんです。どうぞお引き取りください」

あわてて行く手を阻まれた。女性従業員は笑顔を取り繕っているが、こちらを不審なまなざしで見ている。

奥には曇りガラスの扉があり、中の様子をうかがえない。両脇の門扉には、金箔が張られた額縁に入った高級そうな絵画が飾られている。ただ、廊下の明かりはついておらず、装飾品の陶器にはほこりがかぶっていた。しばらく使われていないようだ。何とか部屋に泊まることができないか尋ねると、この女性従業員は困惑した表情を浮かべた。

「確かにここ最近は利用されていませんが、市政府の特別な幹部しか使うことができません。いくらお金を払って頂いても一般の方は無理なのです。もうお引き取りください」

そう言うと、なかば強引に私をエレベーターに押し戻した。ピリピリしているのが伝わっ

著者撮影

薄熙来の「専用部屋」が備えられていた五つ星ホテル

てきた。

それにしても、一般の部屋ならば十数室分はある高層階の客室フロアを独り占めする幹部とは誰なのだろうか。

「薄熙来だよ。大連市長のころから、ホテルの経営者から無償で提供されていたんだ。週に2、3回、愛人との密会のために使われていたみたいだね。相手は、地元テレビ局の女性アナウンサー、女優、私設秘書、と数え上げればきりがないねえ。未明でも部下を招集して会議をすることから、『工作狂（仕事中毒）』と恐れられていたけれど、『夜生活（夜遊び）』も人並み外れってことだ。公私ともに充実させてたんだから、大したもんだよ」

こう証言するのは、薄の下で働いたことがある元大連市幹部だ。

確かに薄が党籍を剝奪《はくだつ》された際の発表でも、収賄などの容疑に加え、「多数の女性と不適切な性的関係を結んだ」と指摘されていた。党の公式発表で、ここまで露骨に女性関係を指摘されることは珍しい。よほど度が過ぎていたからなのだろう。

私も会見や会議の場で、何度か薄本人に取材をしたことがある。

186センチの長身と、俳優を思わせるような彫りの深い顔が印象的で、どこかあか抜けないほかの高官の中ではひときわ目立っていた。女性に人気なのもうなずける。

谷俊山もそうだが、汚職で失脚する中国の高官には常に、女性の影があることがわかる。

13年に中国人民大学危機管理研究センターが汚職容疑で取り調べられた官僚を調べたところ、実に95％に愛人がいたという。中国で腐敗の取り締まりをする部門で働いている関係者はこう言い切る。

「これまで数多くの汚職事件を手がけたが、ほぼすべての案件が、愛人がきっかけとなっています。多くの腐敗官僚が自分は手を汚さずに、愛人に不正行為をやらせ、カネを管理させています。愛人が、別れ話を持ちかけられて激昂したり、手に入れた金の取り分をめぐってもめたりして密告してくることがよくあります。私たちはまず、愛人の身辺から内偵捜査を始めることにしています」

すでに第一章で紹介した中国高官の愛人たちも、相手の官僚の財産とともに渡米し、資産を管理している。中国の腐敗事件においては、女性が重要な役割を果たしている。

薄が不正に蓄財して海外に移した財産は、捜査当局が把握しただけで60億ドル（約７２００億円）に上るという。立件したのはこのうちのごくわずかに過ぎない。

一地方の首長に過ぎなかった薄がなぜ、一国の大統領のようにカネも女性も思いのままにして権勢を振るうことができたのだろうか。彼の特別な出自なしには語れない。

「いつか皇帝になる」

大連市南西部の海岸沿いにある星海公園。1キロにわたって弓形に広がる浜辺は夏になると、海水浴客であふれている。1909年、この地に本社を置いていた南満州鉄道（満鉄）が海水浴場やゴルフ場、ホテルを備えたレジャー施設として開発した。

1997年、市政100周年を記念して、この公園に隣接するゴミ捨て場だった荒れ地を整備して、星海広場をつくった。広場としてはアジア最大で、総面積は110万平方メートルを誇る。

広場の中央には、白い大理石でつくられた高さ20メートル近い標柱がある。台座からてっぺんまで、竜がとぐろをまいて昇っていく姿が刻まれている。周りには999個の黒っぽい大理石が絨毯のように敷き詰められている。

これは「華表《かひょう》」と呼ばれ、歴代王朝が宮殿や陵墓へと続く参道の両側に建ててきたものだ。かつて皇帝がいるところにのみ造ることが許された。500年余りの歴史がある天安門広場の華表のほぼ2倍の高さを誇る。

この一大事業を成し遂げたのが、市長の薄熙来だった。華表の設計にかかわった市政府当局者は、薄からある指示を受けていたことを明かす。

「天安門広場の華表よりも高いものを造ったら、中央政府からにらまれるのでは、と心配する声が担当者の間で上がりました。しかし、薄市長は『私は、いつか天子（皇帝）になるのだから、一番高くなければだめなんだ』と言って、全く聞く耳を持ちませんでした」

薄は大連市を「北方の香港」にするというスローガンのもと、93年に就任してからインフラ建設を推し進めた。市長、書記として在任した8年間に80以上の広場を整備したほか、100万人分の住宅を建てた。

下水処理施設を増やし、悪臭を放っていた40の河川の浄化にも努めた。こうした業績が評価され、99年に市トップの書記に昇格し、名実ともに大連に君臨することになった。

後に「クーデター」をともに画策することになる徐才厚ともこの頃に出会っている。先述の元大連市幹部の証言。

「大連出身の徐才厚氏は、地元で影響力があり、帰省するたびに薄氏と会っていた。薄氏は軍の出世株である徐氏の親族や知人が経営する企業に便宜を図っていました。大連郊外にある長興島の開発事業では、徐氏の親族を開発責任者に任命し、巨額の利権を与えていたんです」

長興島とは大連市から北に約130キロ離れた、長江以北では最大の島だ。日本の商社やメーカーも参画した国家プロジェクトの一つである。ここで利益を得た徐は、上司らに賄賂を渡し、薄とともに出世の階段を一気に駆け上がることとなる。

実は、薄熙来がこれだけの大規模プロジェクトに投資ができたのには、理由があった。元大連市幹部が続ける。

「父で副首相を務めた薄一波《ボーイーボー》氏によるバックアップがあったからです。財務相を務めたこともある一波氏は引退後も、地方政府への補助金や融資の決定について絶大な影響力を持っていました。薄熙来市長は、父の権力とカネを最大限に活用して、出世のための得点稼ぎにいそしんでいたのです」

薄一波は、毛沢東とともに革命に参加した後、新中国で初代の財務相となり、56年に副首相となる。しかし、文化大革命で失脚して弾圧を受け、夫人は服毒自殺を遂げる。文革が終わると名誉回復を果たし、副首相に返り咲いた。

この経歴を見ると、革命に従事した後、59年に副首相になった習近平の父、習仲勲とも重なる。文革で失脚し、拘束された。夫人も街中を引きずり回され、暴力を振るわれた。文革後に復権し、広東省トップに就いた。

一見すると二人の父親は同じ道を歩んできたようだが、その後の経歴は大きく異なる。

習仲勲は引退した93年に、政治の表舞台から姿を消し、隠居生活を送った。２００２年に死去するまで、公式メディアなどで取り上げられることもほとんどなくなり、影は薄かった。

一方、薄一波は１９８２年に現役を退くと、党中央顧問委員会に入った。この委員会は、引退した高官で構成され、最高実力者の鄧小平が主任に就いている。薄一波はナンバー2の副主任として実権を握った。法律や役職よりも「人治」が優先する中国では、有力幹部は引退しても影響力を誇示することができる。

特に、毛沢東らとともに革命に参加した世代の意見は絶大で、顧問委は、最高指導部であるはずの政治局常務委員会をしのぐ権限を持っていた。87年、改革を推し進めていた総書記の胡耀邦を解任し、後任の趙紫陽も天安門事件への対応を批判して辞職に追いこんでいる。鄧の懐刀として、これを画策したのが薄一波だった。党トップであるはずの総書記の人事をも左右できる絶大な権限を持っていたのだ。

薄熙来が大連にいるとき、薄一波の力はまさにピークにあった。薄熙来は親の七光りのおかげで、ほかのライバルたちを次々と蹴落としていくことができた。前出の元大連市幹部は、薄熙来が会合や宴会の席で好んで使っていた口癖を教えてくれた。

「私の父は、とてつもなくすごい。そして私は、優秀だ」

この二人の父親の引退後の影響力の格差が、息子たちにもそのまま投影されることとなる。

「一つの山に二匹のトラは生きられない」

大連市内から10キロほど離れた渤海湾沿いに小高い山に囲まれた別荘地がある。87万平方メートルの敷地に洋館のような白壁の建物が13棟並ぶ。中央にはゴルフ場の濃緑の芝が広がっており、岸壁の下には白い砂浜が続く。

棒棰島《ぼうすいとう》と呼ばれ、1958年に党高官向けの避暑施設としてつくられた。毛沢東や周恩来には専用の別荘棟があった。北京よりも涼しく、海水浴好きが多い共産党の高官が夏になると訪れ、党の重要会議が開かれることもあった。

市長、書記時代の薄熙来は、この施設をフル活用して、高官らを接待していた。その状況を前出の元大連市幹部が振り返る。

「趙紫陽氏や江沢民氏ら総書記を含む高官やその子女を招待していました。大通り沿いに高官らの肖像画を掲げたり、随行員に高価なみやげ物や金券を渡したりするなど、きめ細かい接待をして、高官らの歓心を買っていました」

薄は、過剰とも言える接待攻勢で、高官らに取り入った。党や軍の若手の実力者や高官の

著者撮影

薄熙来が高級幹部を頻繁に招いた棒棰島

子息にも触手を伸ばし、「薄グループ」を築き上げていった。ところが、一度も招待されていない、ある子息がいた。

「習近平氏です。薄市長の幼なじみなのに、一度も招待しませんでした。習氏について薄市長に話題を振ったことがありますが、『人柄はいいが、能力がない』と言っていたのを覚えています。二人とも副首相の父を持ち、仲が良いと思っていたので意外でした。習氏のことを見下している感じがしました。薄市長は、自分よりも地位が上か、将来役に立つと思う若手しか接待していません。薄市長にとっては、習氏は価値がないと考えていたのかもしれません」

この元大連市幹部の証言は、その後の二人の関係を分析する上で、きわめて重要な手がかりとなった。

二人とも党高官の子息である「太子党」グループに属している、とほとんどの日本メディアは分類している。この見方に基づくと、薄の事件について説明がつかなくなる。習が、薄の立件に賛成することはあり得ないからだ。

しかし、前にも述べたように、実際、習は薄の処分に賛成し、総書記に就いてからも積極的に裁判を進めた。二人をよく知る元党高官を親族に持つ党関係者は、中国の故事を引用しながら説明する。

「習近平は、薄熙来の近所に住んでおり、『兄さん』と慕っていた。二人は同じグループというよりも兄弟に近い存在だったと言えるかもしれない。ただ、『一つの山に二匹のトラは生きられない』という古くから中国で伝えられている言葉を考えてみるとわかりやすいだろう。同じグループに属して経歴も似ている二人だからこそ、共存することはできず、どちらかが生きるか死ぬかの死闘をする運命だったのだ」

このころ、習近平はまだ福建省の地方幹部を転々としており、これといった目立つ業績はなかった。誰の目にも、薄熙来の方が優勢に見えた。

ところが、しだいに二人の差は縮まってくる。薄がまだ大連市書記だった2000年、習は福建省長に抜擢される。その翌年、後を追うように薄も遼寧省長になったものの、習は02年には浙江省トップの書記となる。二人が逆転した瞬間だった。

そして07年、二人の政治生命の明暗を決める転機が訪れる。その年の1月、父の薄一波が死去した。薄熙来は商務相として通商交渉などで活躍していたものの、最大の後ろ盾を失うと一気に失速していった。

10月に開かれた17回党大会では、薄は重慶市党委員会の書記に任命されたが、党最高指導部である政治局常務委員の9人のメンバーには入れなかった。代わりに習が、李克強とともに常務委員となり、次期最高指導者の座を確実なものにした。

圧倒的な差があるように見えた薄がなぜ、習に逆転を許すことになったのだろうか。前出の元党高官を親族に持つ党関係者が、その理由を語る。

「出自も仕事ぶりも薄熙来が上回っていたのは間違いない。ただ、あまりにも自分の能力をひけらかし、父親の力に頼り過ぎた。そのうえ、赴任する先々で部下を使い倒し、上司も攻撃して追い落としを図ったため、恨みを買いすぎてしまったんだ。指導部人事は全員一致が原則なので、いくら絶大な権力を持つ父親がいても、反対票が1票でもあれば最高指導部には上がれない。父の存在にはあえて触れず、自分の意見を強く主張せず能力をひけらかさず、周りの意見に耳を傾ける習近平に反対しようとする者はいなかったのだ」

すでに述べた李克強、薄熙来の二人と、習近平を比べると、中国共産党が求めている指導者像が浮かび上がってくる。抜群の記憶力で弁が立つ李や、卓越した実行力を持つ薄よりも、習のように部下の力を引き出して集約させる力が問われているように思える。

党のスローガンに「団結」の言葉が入っているのも、世界最大の党員を有し、絶え間なく権力闘争を繰り広げる巨大組織をまとめ上げることの難しさを物語っている。

プライドが高く野心家の薄熙来にとって、自分よりも能力がないと思っていた弟分にトップの座を奪われた悔しさは、容易に想像できる。しかも罪を着せられて追い落とされるとは、耐えきれない屈辱であろう。

失脚が目前に迫った薄を助けるべく、その「後ろ盾」が遂に姿を現した。

多数の戦車や装甲車が出動

2012年3月19日夜、私は上海の外灘にあるレストランで、知り合いの中国軍系シンクタンク関係者と向き合っていた。上海料理をはさんだ会話のほとんどが、その4日前に重慶市書記を解任された薄熙来のことだった。このシンクタンク関係者の父親は軍高官で、薄とは何度か会ったことがあり、人となりや事件の真相に詳しかった。

紹興酒も進み、会話が弾んできたころ、二人の携帯のメール着信音がほぼ同じタイミングで鳴った。

「北京で軍事クーデター発生。多数の戦車や装甲車が出動した模様」

友人の中国人大学教授から転送されたものだ。向かいに座っていた幹部も同じ内容のメールを受け取ったようで、顔をこわばらせてうなった。

「周永康が動いたぞ」

第六章で触れたように、周永康は、江沢民が「院政」を敷くために登用された政治局常務委員の一人だ。序列は9番目だが、200万人の警察・武装警察のほか、検察、裁判所までも統括する党中央政法委員会の書記も兼ねていた。党がすべてを支配する中国において、逮捕から判決までのすべてを決めることができる強大な権限を持っていた。

周はその権力を盾に、最後の最後まで薄熙来を擁護していた。ほとんどの常務委員が薄の処分を認める中、周だけが強く反対していた。王立軍が米国総領事館に駆け込んだ際にも、周は配下の武装警察を出動させている。総領事館を包囲し、王の亡命を許さないよう、米国に圧力をかけたのだった。この時点では国内にさえ留めておけば、王の握る最高機密をもみ消せると思っていたのだろう。

先述した軍系シンクタンク関係者が、二人の関係を説明してくれた。

「周永康は、薄熙来の後ろ盾のような存在なんだ。米総領事館駆け込み事件が起きた時も、薄が周に相談して、対応についての指示を受けたことを裁判でほのめかしている。周は、薄の能力と実行力を高く評価しており、後継者にしようと考えていたんだ。薄が中央政法委書記に就任したら、捜査機関を動員して習近平氏の汚職を捜査し、追い落としを図ろうとしていたのだ。それを周永康と徐才厚が全面的にバックアップしていたわけだ」

これが冒頭で述べたクーデター計画の全容だ。

警察・司法権を握る周永康と、軍制服組トップの徐才厚が謀反に動こうとしたのだから、いかに事態が深刻だったかがわかる。

ではこの日の夜、実際に北京で何が起きたのだろうか。中国の元警察幹部が部下から聞いた話を伝えてくれた。

「周永康が指導部の了承を得ずに配下の武装警察に命じて、薄熙来に資金提供をしていた大連の企業家の身柄を確保してしまったようだ。薄の収賄容疑を調べるには不可欠な人物だったから、党中央規律検査委員会を中心とした専門調査チームに取り調べさせないように妨害したんだ。慌てた指導部が軍を出動させ、身柄を取り戻そうとしてにらみ合いが続いたのだ。大量の軍と武装警察が北京周辺に出動されたのは間違いない。この件が問題となり、周は警察と武装警察の指揮権を奪われてしまった」

軍事クーデターには発展しなかったものの、武装した兵士同士が対峙したことは、政権を瓦解させかねない、一触即発の危険な状態に直面していたことを意味する。

武器を持った兵力が、指導部の意向に反して動いたことは、共産中国においては極めて異例のことと言えた。冒頭で紹介した林彪によるクーデターも未遂に終わっている。

結局、専門調査チームが、この企業家の身柄を周から取り戻して拘束した。周の抵抗も空しく、薄は翌4月10日、政治局員の職務が停止された。政治生命の終わりを意味し、立件は避けられないものとなった。

そして、周自身にも司直の手が及ぶことになる。

豚と米を育てるだけの貧農から大富豪に

最後まで薄をかばい続けた周とは、どのような人間なのだろうか。

北京特派員として赴任したばかりの２００７年夏。出張のために乗り込んだ上海行きの機内の空気はピンと張り詰めていた。耳にイヤホンをつけた私服警官が走り回り、客室乗務員も座席の準備をあわただしくしていた。

離陸直前、濃紺のスーツに身を固め、みけんにしわを寄せた男性が乗り込んでくるのが見えた。周永康だった。共産党高官にしては珍しくオールバック姿で、部下を引き連れて肩をいからせて歩く姿は、ヤクザの親分そのものだ。

最前列の窓側のファーストクラスに座ると、座席を倒して眠り始めた。おそるおそる赤い毛布をかける女性乗務員の手が、小刻みに震えているのが見て取れた。

このとき、周は公安相を務めており、政法担当の国務委員（副首相級）も兼ねていた。

この年の秋の党大会では、常務委員になることが有力視されており、まさに飛ぶ鳥を落とす勢いだった。当時の周が持つ権力の強さを物語るエピソードを、かつて上司だった元党幹部は披露する。

「永康は若いときから律義でまじめな男だったので、目にかけていたんだ。私のことを『兄さん』と呼んで慕ってくれていた。私の友人の企業家二人が工場の違法操業で起訴されてしまい、有罪が避けられない状況になってしまった。困り果てて、公安相だった永康に減刑してもらうよう頼んだら、『兄さんの頼みならば』と言って、二人をその日に釈放してくれたんだ。二人の裁判は停止され、無罪となった。義理堅い男だと感謝している」

周は、習近平や薄熙来のような高級幹部の子弟ではなかった。１９４２年、江蘇省無錫市郊外の農家の三兄弟の長男として生まれた。わずかな豚と米を育てるだけの貧しい家庭で育った。周は家業を手伝いながら、こつこつと勉強をし、成績はトップクラスだった。特に化学と数学がずば抜けており、北京石油学院に入学した。

卒業後は石油技術者として、油田開発を手がける。酒もたばこもやらず、ひたすら仕事に打ち込む。各地で成果を上げ、96年、油田の親会社で、中国最大の石油ガス国有企業、中国石油天然ガス総公司（現・中国石油天然ガス集団）の社長に上り詰めた。

その後、新たにできた国土資源省の大臣となり、２０００年には四川省トップの書記へと順調に出世していった。

ただ、このころから党内で悪い評判が立つようになる。前出の元党幹部は振り返る。

「複数の愛人がいるという話が私の耳にも入るようになったんだ。テレビ局のアナウンサーや女優がうわさに上がっていた。妻が交通事故死した直後に、28歳年下の国営中国中央テレビの女性ディレクターと再婚したのは、幹部の間でも話題になった。巨額な賄賂を懐に入れているという話は、党内では半ば公然の事実となっていたほどだ。若い頃は実直に仕事をする印象しかなかったが、あまりにも強い権力を持ったことで、善悪の判断がつかなくなり、暴走してしまったのだろうか。残念でならない」

この元党幹部が言うように、若い頃の周永康を悪く言う関係者はあまりいない。江沢民に登用され、省書記から公安省トップへと出世の階段を駆け上がるにつれ、腐敗していったのだろう。多くの失脚する共産党高官に当てはまることだが、一党支配に基づく強大過ぎる権限が、人の価値観や道徳観を狂わし、破壊してしまったのかもしれない。

この証言を裏付けるように、捜査当局は２０１２年末から、四川省時代の部下だった幹部から取り調べを始めた。続いて中国石油天然ガス集団、公安省と主に３ルートから頂点を目指すように関係者の事情聴取を進めた。

事件の捜査チームに入っている当局者の親族が捜査状況について耳打ちしてくれた。

「５００人以上の元部下や親族を摘発し、１２００億元（2兆2千億円）もの財産を没収したようです。この中には、30人を超える副省長や次官級以上の幹部のほか、愛人だった女性アナウンサーらも含まれています。習近平氏が総書記になった直後から内偵捜査を始めていましたが、汚職の金額と関係者があまりにも多かったため、1年半以上かかったそうです」

薄熙来が不正に得ていた額の実に3倍にあたる額だ。数十万、数百万円で逮捕される日本の汚職とは比べものにならない。

石油や天然ガスを独占的に開発・販売する国有石油大手への影響力を背景に、息子ら親族に不正な便宜を図ったほか、支配下の警察・司法を使って、処罰や摘発に手心を加えたり見逃したりする見返りに多額の賄賂を受け取ることができた。

ここまで膨れあがった不正資金を隠し通すことはほとんど不可能と言えた。18回党大会で定年引退することが決まっていた周が辞職すれば、悪事が白日の下にさらされるのは避けられなかった。

　これこそ周がクーデターを企てる動機があったと、党閣僚級経験者を親族に持つ党関係者は説明する。

「深刻な汚職を抱えていた周永康と徐才厚は引退後も捜査をされずに生き残るためには、関係が近い薄熙来を後任に担ぎ出して罪を目こぼししてもらう必要に迫られていたのだ。だからこそクーデターといういちかばちかの賭けに出るしかなかったんだ」

　追い詰められたネズミがネコにかみつこうとするように、引退間近の汚職にまみれた二人が政変を起こそうとしたわけだ。

胡錦濤の側近も取り込んだ

　実は、第四章で触れた胡錦濤の最側近・令計画《リンチーホワ》もこの政変に加わっていた。

　この時、令は胡の覚えもめでたく、18回党大会では常務委員会入りするのでは、という臆測も出ていた。引退する周や徐とは異なり、飛ぶ鳥を落とす勢いだったはずだ。

　なぜ危険を冒してまで、薄に近づいてクーデターに参画しようとしたのだろうか。先述の党関係者に疑問を投げかけた。

「令計画はあまりに胡錦濤に近すぎたんだ。胡の引退を控え、将来の自分が心配になった。そこでニューリーダーの呼び声が高かった薄熙来に急接近を図ったんだ。妻や息子の深刻な不祥事を抱えていた令にとっては、どうしても引き続き後ろ盾が必要だったわけだ。しかも二人は同じ山西省の出身で、個人的にも親しい関係だった」

すでに紹介したように、令は息子が乗ったフェラーリの事故の対応をめぐるトラブルや、妻による多額の不正資金流用の疑惑を抱えていた。

令は、公安権力を握る周永康に、これらのトラブルのもみ消しを頼んでいたという情報もある。自らの未来を周らに託さざるを得ない運命にあったのだ。

疑惑を抱えて追い込まれていた周永康、徐才厚、令計画の3人が、九死に一生を得ようと派閥や出自の違いを乗り越え、最高指導部入りの再起をかけようとした薄熙来を担ぎ上げ習近平に謀反を起こすことで、思惑が一致した。

共産党や中国政府は、3人の罪状がクーデターだったとは、公式には発表していない。

しかし2014年12月、周永康の逮捕決定を発表した際に容疑事実として、重要な機密の漏洩《ろうえい》や巨額の収賄、多数の女性との性的関係があったことを挙げた。そして最後に付け加え

るように、

「調査の中で他の犯罪の手がかりが見つかった」

という一節があった。なぜかこれだけ容疑の中身には触れておらず、意味深な表現にとどめていた。

逮捕決定を伝える翌日の党機関紙、人民日報は論評記事の中で、

「徒党を組み、派閥をつくることに断固反対する」

と、クーデター未遂をにおわせる文言があった。

さらに習近平自身も直後の12月29日に開かれた政治局会議で、強い調子で警鐘を鳴らす発言をしている。

「党内で派閥をつくったり、徒党を組んで私利を図ったり、仲間で結託したりすることを断じて容認しない」

直接明言はしていないものの、薄熙来らによる政変の企てを批判しているのは明らかだ。

世界最大の230万人の軍を率いる制服組トップと、200万人を超える武装警察部隊と警察官を意のままに動かせるトップとが手を結び、誕生したばかりの最も脆弱《ぜいじゃく》な指導部に襲いかかろうとしたのだから、極めて危機的な事態に陥っていたのだ。元党高官を親族に持つ中国政府関係者は、今回の事件を振り返る。

「予想もしていなかった王立軍の駆け込み事件があったおかげで、薄熙来や周永康らの企てが発覚し、未然に防ぐことができたに過ぎない。もしクーデターが計画通り実現していたら、総書記になったばかりの習近平は失脚に追い込まれ、逆に被告人として裁判にかけられていた可能性は十分にある。まさに食うか食われるかの激突だったのだ」

度重なる偶然が重なり、習近平は危うく難を逃れることができた。就任後すぐにすべての労力を費やして自らに刃《やいば》を向けた政敵を倒したのも、生き残るために不可欠のことだった。こうして状況を表層的に見ると、習指導部はきわめて脆弱であったと判断できるだろう。

ところが、「権力闘争こそが中国共産党の原動力」という本書の仮説を当てはめると、瀕《ひん》死《し》の状態からはい上がってきた習近平は、その分大きなパワーを持つことができ、権力基盤を素早く確実に固めていくことができたと言える。

ではこれだけの権力を手に入れた習は、２期10年の任期で、共産党と中国をどのようにしたいと考えているのか。本当にそれまで中国共産党は生き残っていくことができるのだろうか。

最終章では、今後の展望を予測していく。

第九章

紅二代

AP/AFLO

毛沢東の「革命の血」を受け継ぐ者たちが新生中国を動かす

別荘からの強制撤去

その日は、色づき始めた草木が止まって見えるほど、不気味な静けさが広がっていた。

2012年10月末の早朝、静寂を打ち破るエンジン音が山あいに響いた。

第六章で紹介した北京市郊外の懐柔区にある江沢民の別荘の入り口に数台のトラックが横付けされていた。

「何の知らせもなく、党中央弁公室から職員たちが来たんだ。室内にあった家具や装飾品だけじゃなく、ご夫妻が使っていた衣類や宝飾品をあわただしく荷台に積み込み始めたんだよ。あわててそこにいた責任者に事情を聞くと、『ご夫妻はこの家から出られることになった。これからはほかの幹部たちに使わせてやってくれ』と言われたんだ。10年以上もお住まいだったのに驚いたよ。何かただならぬ事態が党内で起きているのでは、といううわさで地元は持ちきりだった」

それからしばらくして、中南海と「八一大楼」に構えていた江の執務室も撤去されることが決まった。ちょうど第18回共産党大会を控えていた矢先の出来事だった。

党常務委員経験者を親族に持つ元中国政府関係者が、江沢民の別荘や執務室が撤去された背景について説明する。

「胡錦濤と習近平が話し合って決めたようだ。これまでのような特別扱いはせず、政治への一切の口出しも認めませんよ、という意思を示したんだ。総書記に次ぐ『1・5位』という特殊な江沢民の序列は、18回党大会の後に12位まで落ちて、他の長老たちと同じ扱いをされるようになった」

すでに紹介したようにそれまで党内には「党の重要事項は江氏に報告する」という内部規定があった。重要な人事や政策を決めるには、江沢民の同意がなければできないほどの権限を持っていた。胡錦濤は18回党大会ですべてのポストから退く代わりに、「いかなる党高官も引退後は政治に関与をしない」という新たな内部規定を設け、江による『院政』に終止符を打った。

では、なぜ胡と習が手を結んで江の影響力を排除しようとしたのか。この元政府関係者に尋ねた。

「江沢民にこれまで散々苦しめられてきて、引退ぎりぎりに一矢報いたい胡錦濤と、周永康と徐才厚らの捜査を進めたい習近平の思惑が一致したのだ。江は子飼いである周と徐への刑事責任の追及に強く反対していた。二人を摘発する上で、江の同意を得なければならない内部規定が邪魔だったわけだ」

周永康と徐才厚らが、薄熙来を担いでクーデターを起こそうとしていたことは、前章で詳述した。このときすでに薄の司法手続きは進んでおり、焦点は周と徐の処分に移っていた。

江と会談したことがあり中国政治に精通している外国首脳経験者が、その舞台裏を語る。

「政変という重大性から政治局員全員が周永康と徐才厚の処分に同意し、ほとんどの長老も支持していたようですが、江沢民氏だけが最後まで首を縦に振りませんでした。二人が立件されれば、江氏にも捜査の手が及ぶことは避けられなかったからなのです。習近平氏が捜査をするには、江氏に無理を承知で頭を下げて説得するか、それとも刃向かってでも強引に進めるかの二者択一しかなかったのです」

習が選んだのは、後者の江との「全面対決」だった。

空軍精鋭部隊による身辺警護

総書記になったばかりの習近平が、つい最近まで最高実力者として君臨していた江沢民に勝負を挑むのは並大抵のことではなかった。

軍内には、徐才厚を頂点とする江のシンパが少なくなく、武装警察にも周永康の息のかかった部下が要職を占めていた。

先述の常務委員経験者を親族に持つ元政府関係者の証言。

「習近平は『相手をやらなければ自分がやられる』という危険な戦いを始めたのだ。追い込まれた江沢民系の一派が、習の暗殺を試みる可能性も十分に考えられる。習はそのことをよくわかっていて、身辺警護に、これまで使っていた武装警察隊員の代わりに、あえて徐才厚との関係が最も薄い空軍の空挺部隊の精鋭に任せた。安全を確保するため、できるだけ軍用機に乗り、地下道を使って移動するほど注意を払っているんだ」

この証言を聞いて、徐らの後任の党中央軍事委員会副主席に空軍司令官だった許其亮《シュイチーリアン》が就いた理由がわかった。それまでほぼ陸軍出身者で占められていたポストだが、空軍出身者として初めて登用された。江や徐らが登用した幹部が居並ぶ陸軍出身者をあえて外し、自らがコントロールしやすい許を登用することで、身の安全を確保しようと考えたのだろう。

守りを固めた習は攻勢に出る。江の足元に奇襲をかける。

特別捜査チームをひそかに江の牙城、上海に送り込んだのだ。先述の中国政治に詳しい外国首脳経験者によると、

「江沢民氏の家族や親戚が関係している会社について調査されているそうです。外国にある他人名義の口座や不動産まで調べられたようで、私がお付き合いしている江さんの親戚の方

も大変心配しておられました。家族の中でも特にご長男のことを念入りに調べられているようでした。前からお父さんの権力をバックに派手にビジネスをしているというわさが絶えなかったので、私も心配していたんです」

長男の名前は、江綿恒《チアンミエンホン》。1952年生まれで、目鼻立ちは父親そっくりだ。米国の大学で電子物理で博士号を取った後、中国科学院上海分院の院長を経て、2014年に新たにできた上海科学技術大学の学長に就任した。技術者の傍らで、電子通信事業の投資会社を立ち上げ、手広いビジネスを展開している。

前出の党常務委員経験者を親族に持つ元政府関係者が、長男の「疑惑」について憤りながら説明する。

「江綿恒の会社は、政府への口利きを利用したコンサルタント業を幅広く手がけている。父親の威光を使って巨額の利益を手に入れており、最も金をもうけている高官子弟だと言われているんだ。江沢民は綿恒のことを大変かわいがっており、やりたい放題させてきた。米国留学中の人脈をいかし、ビジネスでため込んだ多額の資金を米国に不正送金していたらしい。最近では江綿恒の長男までもが香港で派手にビジネスを始めており、江ファミリーの不正に対する批判が高まっている」

第一章で紹介した「愛人村」や「産後ケアセンター」の女性たちと同じく、最高指導者経験者が財産の隠し場所に選んだのも、やはり米国だった。超大国にカネを蓄えておけば、中国の捜査機関といえども簡単には手出しできない。

そこで習近平指導部はある秘策に出た。中国の捜査機関に勤めたことがある当局者が、2014年7月1日から施行された米国の新たな税法を指摘する。

「この税法とは、米国が協定を結ぶ国と、相手国に住んでいる自国民の金融情報を交換するというものです。指導部の意向で、施行4日前になって急遽、中国政府は米政府と協定を締結することになりました。このことによって中国側は、米国にいる中国人の口座や資産の情報をもらうことができます。年5万ドル（600万円）を超えるカネを米国に保有している人が対象です。狙いは、党や政府の幹部たちが米国に持っている全財産を把握することです。腐敗撲滅キャンペーンを進める指導部にとっては大きな武器となります」

この税法は、「外国口座税務コンプライアンス法（FATCA）」と呼ばれ、外国の金融機関を使って税金逃れをしている米国の金持ちや企業の情報を集めるためにつくられた。

協定を結んだ国は逆に、米国にいる自国民の金融情報を手に入れることができる仕組みになっている。習近平指導部はここに目をつけ、江沢民らの米国にある隠し資産を丸裸にして、圧力をかけようとした。

「不死身の皇帝」江沢民も、今回ばかりは窮地に追い込まれた。

江からの「命乞い」電話を切った

逃げ場を失った江沢民はついに白旗を揚げる。前出の党常務委員経験者を親族に持つ元政府関係者が語る。

「江沢民は、家族を含めたすべての資産を習近平指導部に自主的に報告したんだ。疑惑をしっかりと釈明するので、強制捜査だけは勘弁してください、という意味だ。元最高指導者を摘発することは、習本人や共産党の正統性を傷つけることにつながるから難しいと思うが、江の『院政』を終わらせることができたんだから、すごいことだよ」

この関係者がほめたたえるように、習は党トップになってからわずか2年足らずで、前任の胡錦濤が10年かけてもできなかった江の影響力を完全に取り除くことに成功した。

これですべての障害がなくなった習は、徐才厚と周永康の摘発を立て続けに発表した。

この発表直前に江が習に一本の電話をしていたことを、中国政府とパイプがある元米国政府当局者が習の側近から聞いた話として教えてくれた。

「周永康らの摘発の話を聞いた江沢民があわてて習に電話をかけて、『刑事責任は重すぎるので、寛大な処分にしてあげてほしい』とお願いしたそうです。すると信じられないことに習は何も答えずに一方的に電話を切ったのだそうです。たった2年で江の力は地に落ちました。完全に二人の力関係は逆転したのです」

２０１４年9月30日、しばらく消息が途絶えていた江が久しぶりに公の場に姿を見せた。建国記念日にあたる「国慶節」の祝賀会が開かれた北京の人民大会堂の大ホール。笑顔で入場してくる習近平に続いて、江が入ってきた。

介添えに支えられながらゆっくりと歩き、前を歩いている習とどんどん引き離されていく。口を真一文字にしたまま表情ひとつ変えない。国歌を歌う時も口を開かず、ただ一点を見つめているだけ。数年前の威風堂々とした様子は失せ、痛々しくすら見えてくる。

祝賀会を報じた国営メディアは、習ら現役の常務委員の名前に言及した後、付け足しのように江ら長老を紹介した。しかもわざわざ「党と国家の指導的職務を退いた江沢民ら」と強調している。前出の元中国政府関係者は舞台裏を説明する。

「江沢民が習近平に全面降伏して恭順の意を示したことを意味しているんだ。習もそのことを内外に知らしめる狙いがあったんだろう。江は最近、当局による事情聴取を避けるため、各地の軍の病院を転々としているみたいだ。自分や家族に捜査の手が及ぶかもしれない、とおびえながら最期を迎えなければならない。惨めな末路だと思う」

「院政」を合わせて四半世紀近くにわたって共産党を支配し続けた「皇帝」の政治生命は、完全に幕を閉じた。

「背水の陣」で臨んで周到に準備を進めた習の勝利と言えるが、一人でやり遂げられるほど、簡単なことではなかった。

この元政府関係者は続ける。

「ほとんどの長老が、江沢民に反感を持っており、習近平の方針を支持したのだ。江は経済成長ばかりを重視する余り、貧富の格差や環境汚染の問題をほったらかしにし、そして何よりも腐敗を蔓延《まんえん》させた。その責任はきわめて重い。江とその一味を排除しなければならないという思いは、長老だけではなく、我々のような『紅二代』の間でとても強いんだ」

ここで、本書でも使っている党高官の子弟の表現について整理しよう。

日本や外国のメディアは、高官の子どもたちのことを「太子党」と呼んでいる。しかし、中国のメディアが一般的に使う言葉ではない。「党」と言っても、政党のような集団ではなく、本人たちも名乗っているわけでもない。

代わりに最近、中国内でよく使われるようになったのが、「紅二代」や「紅後代」という言葉だ。毛沢東らとともに革命活動に携わった高級幹部を父祖に持つ子どもたちのことを指す。習近平のほか、前章で取り上げた薄熙来や劉源、腐敗撲滅キャンペーンの陣頭指揮をとっている党中央規律検査委書記の王岐山《ワンチーシャン》がそうだ。習指導部が発足してから、メディアで取り上げられる機会も増えた。

「紅二代」のリーダー的な存在の女性にインタビューすることができた。

父親は毛沢東の秘書

共産党や政府の官舎が集まる北京市海淀区にある、党の関連施設に併設されているレストランが待ち合わせ場所だ。駐車場にとめてある高官用のナンバーをつけた高級車の間を縫うようにママチャリにまたがった小柄な女性がさっそうとやってきた。

短く切り込んだ白髪に地味な花柄のブラウス姿。北京の下町のどこにでもいる普通のおばさんそのものだった。自転車の前かごはほこりをかぶり、サドルも中のスポンジが飛び出している。

胡木英《フームーイン》。父親は、25年間にわたり毛沢東の秘書を務め、中華人民共和国憲法の起草にもかかわった保守派の重鎮、胡喬木《フーチアオムー》・元政治局員だ。

抗日戦争や国民党との内戦で共産党が根拠地を置いた革命の聖地、陝西省延安で生まれた。13年間、ほかの党幹部の子どもとともに、「窰洞《ヤオトン》」と呼ばれる洞窟の中にある家で育った。両親は戦いに出ているため、子どもたちだけで共同生活をしていた。

政府の仕事を退職した後、親の世代の革命精神を学ぼうと、当時の仲間たちと「北京延安子女聯誼会」を立ち上げて会長に就いた。1千人以上の「紅二代」が参加する最大規模の団体だ。ふだんはあまり表に出ず、外国メディアの取材を受けるのも初めてだ。

緊張しながら最初の質問をすると、のっけからだめ出しをくらった。それまでの笑顔が消え、細い目の奥にある鋭い眼光がこちらをとらえた。

——みなさんのような「太子党」について質問をさせてください。

ちょっと待ちなさい。あなたは言葉の使い方を間違っているわ。私たちは「紅後代」もしくは「紅二代」なのよ。彼らとは一緒にしないで。

——どう違うのでしょうか。

私たちは共産党の創設にかかわった革命家の子孫なの。「太子党」という言葉は、みんなが平等に貧しい時代には、使われることはなかったわ。経済が成長するにつれて、親の権威を利用して金もうけする幹部の子女が目立ってきてから、庶民が批判の意味を込めて高官子弟らをそう呼び始めたのよ。

――なぜ「紅二代」のみなさんで団体を立ち上げたのでしょうか。

腐敗はきわめて深刻で、私たちの親が血を流して築き上げた共産党が今、危機的な状況にあると思っています。「紅二代」は党への忠誠心が高く、腐敗に手を染める人はそれほど多くはないわ。革命とは関係のない「太子党」の連中は、私腹を肥やすことばかりに夢中になっていて、とても党の運営を任せておけない。「国民のために奉仕する」という党の根本を忘れてはならない、ということを指導部に働きかけるためにみんなで集まったの。

――今の指導部の仕事ぶりをどう見ますか。

経済発展の成果ばかりを強調するだけで反省することを忘れてしまったみたいね。江沢民と胡錦濤の時代に貧富の格差や腐敗は、取り返しのつかないほど悪くなった。二人と違って「紅二代」である習近平は、しっかりと腐敗撲滅キャンペーンを進めて改革をやってくれると信じているの。私たち「紅二代」はみな、習近平を支持しているわ。

「紅二代」の中にも金もうけに走り汚職のうわさがある人も少なくなく、美化しすぎているように感じる面もある。ただ、彼女たちが革命の血統を受け継いでいるという誇りと、仲間との団結力の強さは伝わってきた。

彼女の話を聞いていると、江沢民らに対する強い批判とは対照的に、仲間である習近平に

は強い親しみを抱いていることがひしひしと伝わってくる。腐敗撲滅キャンペーンが本格化してくると、胡木英は、

「生死を賭けた戦いをしている習近平を支持する」

という声明を出すなど、組織を挙げて積極的にバックアップしている。

「私は第5世代ではない。第2世代だ」

毛沢東らと共に革命に参加した元党高官を父親に持つ党関係者は、歴代指導者に対する不満をぶちまける。

「『革命の血』が流れている指導者が我が党と国を引っ張っていかなければならないという思いが俺たちには強いんだ。俺たちの親が血と汗を流してつくりあげた共産党を存亡の危機にさらした江沢民の罪は重い。江の『院政』が続いた胡錦濤の時代と合わせた期間は、我が国にとって、失われた20年間だった。そして、この二人を指名した鄧小平も、責任追及を免れられないと思っている」

すでに触れたように天安門事件後、上海市トップの江を北京に呼び、その後任として胡を

指名したのは、当時の最高実力者、鄧小平だった。この党関係者は、このときの鄧の肩書を問題視する。

「このとき鄧小平は軍トップの中央軍事委員会主席のポストを持っていたけれど、党の序列は1位でなかったどころか、一ヒラ党員に過ぎなかったんだ。そもそも政府の正式な役職としては副首相が最高位で、国家主席や総書記に就かないまま権力を振るっていたことは正統性に欠けている、という批判は前からくすぶっていた。今のとんでもない腐敗や貧富の格差、環境汚染は、鄧が始めた改革開放がそもそもの原因なんだ。そんな鄧が決めた江沢民に国を任せたことが間違いだったんだ。習近平は、鄧の路線を少しずつ修正していくだろう。今回の腐敗撲滅キャンペーンもその一歩だと思っている」

確かに鄧小平は、毛沢東が後継者として選んだ華国鋒の追い落としを図り、1981年には解任に追い込み、軍事委主席のポストを奪って、党を支配し続けた。この党関係者が言うように、正式な手続きにのっとったわけではなく「クーデター」に近い形と言える。

最近、米国の中国専門家の間では、習近平は、江沢民や胡錦濤よりも早く権力基盤を固めたという評価が出ていることは前に述べた。オバマ米大統領も2014年末、ワシントンでの企業経営者との会合で、

「習主席はおそらく鄧小平氏以来、誰よりも急速に、包括的に権力を強固なものにした」

と論評した。

米国の政府当局者や研究者は、中国政府の当局者らから繰り返し「習主席は強いリーダーだ」と説明をうけており、その影響を受け、習の権力を誇張しすぎる傾向にある。

ただ、江沢民との戦いを勝ち抜いた今となっては、あながち大げさとは言えない。

元党幹部の親を持ち中南海の動向に詳しい中国政府関係者は、習の権力について、さらに踏み込んだ見方をする。

「私は、習近平氏はある面では、鄧小平の力をすでに超えたと思っています。当時の鄧は役職としては軍のトップという立場しか持っておらず、さらに手ごわい保守派の重鎮が居並んでいました。でも今の習氏は党・軍・政府のすべての権限を握っており、抵抗しうるライバルも見当たりません。習氏が『紅二代』の仲間内でよく使うセリフがあります。『私は第5世代ではない。革命世代に続く第2世代なんだ』と。視野に入っているのは、鄧小平ではなく毛沢東なのでしょう」

ここで中国共産党の指導者の世代について簡単に説明をしよう。各世代は次のように分けられている。

第1世代　毛沢東
第2世代　鄧小平

第3世代　江沢民
第4世代　胡錦濤

この分類でいくと、習近平は毛から数えると「第5世代」になる。

習の言葉には、第2～4世代をすっ飛ばして、「自分こそが毛沢東に続く指導者」という意識が込められている。習が就任して以来、毛を意識したような行動や発言を繰り返しているのも、こうした世代観に関係しているようだ。

2014年10月、習は軍高官を引き連れて、福建省にある古田という小村を訪れた。毛が1929年にこの地で会議を開き、今の人民解放軍の組織の形を決めた歴史的な場所だ。習の発案によってこの地で軍の会議を開くことになった。そして習は高官らの前で、

「徐才厚事件を極めて重視し、厳粛に取り扱わなければならない。深く再認識し教訓とし、徹底的に影響を一掃しなければならない」

と檄を飛ばした。

会議が終わると、習らは村にある毛の銅像に献花に訪れた。像に飾られている深紅のお札をなでながら、繰り返し深々と頭を下げた。

激闘に勝利を収めたことを神前に報告するような神妙な面持ちをしていた。

顔を上げると、目的を達成できたという満足感がにじみ出る静かな笑みを見せた。

この表情を見て、習近平が親しい「紅二代」の知人に明かしたという、ある言葉をふと思い出した。

習近平が信じる「性悪説」の教え

「私は三つのステップで権力をつかもうと思っている。まず、江沢民の力を利用して胡錦濤を『完全引退』に追い込む。返す刀で江の力をそぐ。そして、『紅二代』の仲間たちと新たな国造りをしていくのだ」

私は第18回共産党大会が終わった2012年末に、習近平が語ったというこの言葉をある中国政府幹部から聞いた。習がこの年の夏ごろ、親しくしている「紅二代」の党幹部に打ち明けた秘策なのだそうだ。

実は私はこの話を聞いた当時、あまりピンとこなかった。確かに18回党大会で江が胡に攻勢をかけ、胡は軍事委員会主席を含めたすべてのポストから退いてはいた。ただこの間、習の影はほとんど見えず、江と胡の血で血を洗う戦いだと理解していたからだ。

「江の力をそぐ」というのもわからなかった。強大な江の「院政」を終わらせることはできないと思っていた。しかも江は、習をトップにした立役者の一人であり、恩義を感じているとも思っていた。

しかし、今になってみると、この言葉通りになっている。この秘策を、「紅二代」である元党高官を親族に持つ党関係者にぶつけてみた。

「習近平がそのような青写真を描いていたことは十分に考えられる。なぜなら一連の闘争を通じて最も利益を得たのは、江沢民や胡錦濤ではなく、習だからだ。トップの座につくまではじっとしており、二人の巨頭に戦わせておく。そして漁夫の利を得ると態度を豹変《ひょうへん》させ、一気に腐敗摘発を展開してライバルたちを倒して権力を手中に収めた。失脚する父親を目のあたりにし、自らも下放されて地獄のような経験をした男だからこそ、権力闘争を体で理解し、勝ち抜くことができたんだろう」

前任者から党・政府の全権を譲り受け、自らに刃《やいば》を向けた薄熙来、周永康、徐才厚、そして令計画の四人を失脚させ、「院政」という形で君臨し続けた江沢民を完全に追い込むことに成功した。

もし江が影響力を残したまま、さらに胡も江のように「院政」を敷いていたら、習は狭間《はざま》でもがき苦しみ、何もできなかった恐れがある。

中国で最も理想的な政治や外交のスタイルとして、「太極拳式」という言葉があることを中国の高官らから何度か聞いたことがある。日本でもなじみが深い太極拳は古代中国から伝わる武術の一つで、儒教の影響を受けている。陰と陽という両極のバランスをとりながら、最大限の力を発揮して相手を制するやり方が特徴だ。

「柔をもって剛を制す」

「相手の力を借りて、相手を打つ」

「静をもって動を制する」

いずれも相手の動きや意図を読み、その力をうまく利用して、自身は最小限の力で勝利を収めるというのが、太極拳の基本的な考え方だ。

習近平という武術家が、ゆっくりと手足を動かしながら、長老や政敵たちを倒していく姿を想像すると、権力を掌握するまでの過程がすっと頭に入ってくる。

習は若い頃から読書が好きで、中国の古い思想家の本を読みあさっているという。講話でもしばしば古典を引用している。

その中でも暗記するほど愛読している儒教の書物があるのだという。

中国の思想や歴史に詳しくない人でも、儒教と聞けばすぐに孔子を思い浮かべるだろう。紀元前6世紀に活躍し、弟子とのやりとりは「論語」としてまとめられた。日本をはじめとする東アジアの思想や文化にも大きな影響を与えた。

孔子の教えを受け継いだ儒家の中で最も有名なのが、孟子だ。儒教の中では、孔子に次ぐ重要人物とされている。人が生まれながらにして持っている「徳」を学問によって伸ばしていくことの大切さを説いた。たくさん「徳」を持っている者が君主として国を治めれば、民衆をまとめることができるという「徳治」の考え方だ。法令や軍事力によって国を治めることを「覇道」と批判し、徳をもって国をまとめることが「王道」であるとした。

これに真っ向から反論したのが、同じ儒家の荀子《じゅんし》だ。「人は生まれながらに欲望を持っている」という「性悪説」の立場に立った。放っておくと奪い合いや争いが始まり世の中がめちゃくちゃになるから、「法による統治」の大切さを訴えた。

荀子は、孟子より数十年遅れて紀元前3世紀ごろ登場した。当時は戦国時代の末期で、役人の腐敗がはびこり、国は荒れていた。このころの君主たちは、より現実主義的な荀子の考えを採用していた。

しかし、人民を拘束する制度や法律はもともと孔子が否定したもので、しだいに徳を重んじる「性善説」を掲げた孟子の方が主流となり、儒教の中心的な存在となった。共産党の歴代の指導者も、孔子と孟子の言葉をしばしば引用したが、荀子は置き去りにされていった。

習近平は違った。

前出の元党幹部の親を持つ政府関係者が語る。

「下放されていた少年時代から、荀子の全20巻の書を読み込んでいるそうです。中国でもマイナーな思想家なので、読んだことがない共産党幹部がほとんどでしょう。習近平氏の独特な現実主義的な考え方は、荀子の影響を受けていると思います」

習は国家主席に就く直前の2013年3月、党の若手幹部を前に演説した際、荀子の名前をとりあげ、「最も重要な儒家の一人」として紹介している。

「腐敗撲滅キャンペーンは、利益に走る幹部たちを法によって戒めて国をまとめ上げるという荀子の思想の基本です。習氏が就任時から打ち出しているスローガン、『中国の夢』にある『強国』という言葉も、荀子の著作のタイトルの一つです。習氏は『礼を尊重し、法を完備すれば国は永遠である』という荀子が説いた君主の心得を信じて、国の立て直しに突き進んでいるのでしょう」

こうしてみると、習近平が党トップになってから、病的とも言えるほど「法治」にこだわり、汚職官僚の摘発に躍起になっている理由がのみ込めてくる。

そこには、共産党の現状が荀子の生きた戦国時代末期の荒廃に重なる危機感があるのかもしれない。

前任者が10年かけてもできなかった最高実力者の影響力を排し、前代未聞の軍制服組トップと常務委員経験者を汚職で摘発したことで、習近平は万全の権力基盤を築いたようにみえる。強大になった習がこのまま中国の改革に成功して発展させ、２０２０年代半ばには米国を超えて世界第１位の経済大国になる、と予測する研究者が少なくない。

しかし、私はこうした見方は、あまりにも楽観的だと思う。

その習近平の強さこそが、最大のもろさであり弱点にもなると考えるからだ。

「紅二代」を捜査対象から外す密約

２０１４年春、米国のとある街のカフェで、訪米中の中国の大学教授が来るのを待っていた。ふだんはあまりしないのだが、ノートにびっしりと中国語で質問を書き留め、頭の中でインタビューの練習を何度も繰り返した。

この大学教授は経済の専門家で習近平のブレーンと言われる人物だ。中南海を何度も訪れ、習に直接、政策提言をしたことがあるという話を前から聞いていた。習の信頼が厚く、経済にとどまらず幅広い政策について意見を求められているそうだ。私が北京の特派員時代に何度か接触を試みたが、外国メディアだということで断られていた。今回、ハーバード大学の同僚のつてで30分だけ会えることになった。

3杯目のコーヒーに口をつけたところで、教授は現れた。

自己紹介もそこそこに、腐敗撲滅キャンペーンについて質問をぶつけた。この時、徐才厚と周永康が立件されるかどうかが最大の焦点だった。習は就任してから「トラもハエもたたけ」と号令しているが、いったい「大トラ」は誰なのか。二人の逮捕について率直に尋ねた。

「もちろんやりますよ。というよりも、習近平主席はその二人を摘発するためにこれまで腐敗撲滅キャンペーンをやってきたのですから、どんな抵抗があってもやらないことはあり得ないですね」

答えは明快だった。

この段階では、内外の研究者やメディアの予測は真っ二つに割れていたにもかかわらず、だ。本人から直接聞いているからこその自信があるのだろう。

では、腐敗撲滅キャンペーンを終えた後、習がどんな政策をやろうとしているのか尋ねると、教授は手元の紅茶をすすり、しばらく黙り込んだ。

「主席は今はまだ『大トラ』を退治することで頭がいっぱいなのでしょう。政策や方針については、これからゆっくりと考えていかれるのではないでしょうか。そういえば以前こんなことをおっしゃっていました。『私は総書記になるまで十分に準備する時間がなかった』と」

確かに胡錦濤が総書記になる前約10年にわたって常務委員として「修業」したのと比べれば、習は半分以下だ。時間がなかったのはわからないでもないが、すでに総書記に就任してから1年半。日本の短命政権ならば辞職していてもおかしくない期間が過ぎているのにもかかわらず、まだ具体的な政策を決めていないというのだから、それだけ習が仕掛けた権力闘争は手間のかかる壮大なものであることがうかがえる。

すでに約束の時間が過ぎようとしていたが、腐敗撲滅キャンペーンの話は尽きなかった。すると意外なセリフが出てきた。

「実は主席ご自身も、今のキャンペーンが、少し度が過ぎていると思っているようですよ。『部下たちが私の意図を読み間違えてハエばかりたたいて困っている』とぼやいておられました。私も、あまりやり過ぎることで無用な反感を招き、新たな権力闘争を生み出すのではないか、と心配しています」

摘発の対象は、党や各省庁の幹部のみならず、シンクタンクの研究者から国有企業の職員までとどまるところを知らない。しかも文化大革命のように、本人だけではなく、家族や親族まで根絶やしにすることへの批判は根強い。習が十分に把握しないところで、部下らが得点稼ぎや派閥争いのために、腐敗撲滅キャンペーンの名の下に、むやみな摘発が横行することも考えられる。

実際、キャンペーンが進むにつれて権力闘争の色合いがより濃くなってきているように感じる。革命に参加した軍高官を父に持つ軍関係者は、こんな「密約」を教えてくれた。

「徐才厚や周永康らを立件する前に、指導部は有力長老の一部と『紅二代を捜査の対象から外す』という約束をひそかに交わしている。これによってそれまで消極的だった長老も、自分の子や孫の安全が保障されたことで二人の立件に同意したんだ。私たちの仲間の中にも汚職の疑惑がうわさされている幹部がいるけれど、薄熙来を除いては誰も摘発されていない。やられているのは徐や周のように革命とは関係のない平民の出ばかりだ」

「紅二代」は、わずか3千人ほど。習が自分に近いごくわずかなグループだけを特別扱いすれば、ほかの大多数からの不満が高まることは避けられない。

さらに、度を過ぎた粛清が、党や政府の役人たちを萎縮させる傾向も出てきている。

実際、私の知っている中国の政府や党の役人の中にも、

「いつ自分が処分や摘発の対象になるかわからない」

とおびえており、事なかれ主義に走る役人も目に付くようになった。

このままでは、党や政府の運営に悪影響を及ぼしかねない。

「頂層設計」の弱点

私が想定する最大のリスクは、「強大になり過ぎる習近平」だ。

習近平は、新しい組織を次々と立ち上げ、自らがそれぞれのトップに就いている。「改革の全面深化指導小組」を皮切りに、軍の組織改革を進める「国防と軍隊改革の深化指導小組」、サイバー空間や情報政策を担う「インターネット安全保障及び情報化指導小組」を新設し、習自身がすべてのリーダーを務める。すでにあった国の経済政策を決定する「中央財経領導小組」の組長にも就任した。

中でも注目されるのが国の安全保障全般を束ねる党中央国家安全委員会だ。構成メンバーや役割は明らかになっていないが、海外のメディアや専門家はその名前から、緊迫する尖閣や南シナ海の問題に対処するためにつくられた、と分析している。

だが、先述の軍関係者の見方は異なる。

「国と政権の安定を図ることが最大の狙いだ。我が国の安全は常に、外国からのサイバー攻撃やテロのほか、文化やイデオロギーなど様々な分野で脅威にさらされている。トップダウンで各組織をまとめ上げ、思想や言論の締め付けを強めていくのが目的なんだ。主要なメンバーには、軍幹部が名を連ねており、軍の発言権が強まりつつあるんだ」

習政権になって、ネットやメディア規制のほか、反体制派の活動家や学者、NGOの取り締まりが強まっている。こうした引き締めは、「欧米による文化や思想の侵略を防がなければならない」という軍の強硬派の意向が反映されているようだ。さらにこの軍関係者は習の別の意図についても言及する。

「国家安全委員会の下に、司法や武装警察を束ねる政法委員会を置くことが真の狙いなのだ。そうすれば、総書記が絶大な力を持つ政法委を意のままに動かせるようになる。これまで『独立王国』のように警察や裁判所を使っていた政法委書記の権限を大幅に制限することができるんだ」

政法委書記だった周永康は、人民解放軍にも匹敵する力を持つ警察や武装警察をフルに活用して、時には総書記をしのぐ力を誇ってきた。その果てが、指導部に対する「クーデター」という暴挙だった。

国家権力を一手に収めることは、「第二の周永康」をつくらないために避けて通れない措置だったのだろう。

さらに、習は「頂層設計（トップダウンによる政策設計）」を前面に打ち出し、権力の一極集中を進めている。抵抗勢力を排し、改革を強力に進めるには都合のいいシステムといえる。中国政界に人脈を持つ外国首脳経験者は、新体制についてこう語る。
「中国政府の幹部と話していても、直接のボスである首相の李克強氏のことはほとんど話題にしません。これまでのような特別なナンバー2の地位ではなく、ほかの常務委員と同格に過ぎない。重要な政策は、すべて習近平氏が一人で決めていると言っていいでしょう」

これまで見てきたように、習は就任してから、汚職摘発にすべての力を注ぎ、周永康や薄熙来、徐才厚らの反逆の動きを徹底的につぶした。さらには彼らを通じて絶大な影響力を行使してきた江沢民の力をそぐことにも成功した。各省庁や軍を横断する新組織を次々と立ち上げて自らがトップに就くことで、これまで散らばっていた権限を一手に収め、これから誰にも邪魔されずに改革の大なたを振るう環境が整った。

党の安定は、13億人の民を豊かにして国家を繁栄させるには極めて有益なことだろう。

一方で、中華人民共和国という国家ではなく、中国共産党という執政党に着目して考えたとき、権力が習に一極集中する現状は、必ずしも良いことばかりではない、と私は考える。

これまで中国共産党は、任期中にトップに万一のことがあった時にすぐに代理を立てることができるように集団指導体制をとってきた。常務委員全員で分業しておくことで、党全体が機能不全に陥ることを防ぐためだ。

さらに、晩年の毛沢東のように、トップが誤った政策判断をして暴走することを食い止めるための安全網の役割を果たしてきた側面もある。

長年にわたり共産党幹部と交流している米国政府元幹部は、現体制の問題点を指摘する。

「総書記が権力集中を進めることは決して悪いことではない。しかし、あまりにも多くの組織のトップになれば、すべての政策を把握しきれず、うまくコントロールできなくなる恐れがある。たとえば国内で重大な事件やテロが起きて、トップがそれにかかりきりになると、ほかの業務が滞る可能性がある」

中国政治に詳しい日本政府高官は、ある例えを挙げる。

「権力集中を進めた習近平氏はまさに扇の要です。共産党という放っておけばとりとめもなく広がろうとする大きな扇を一手で束ねている。もし彼が病気や事故などで執政が続けられなくなると、要は吹っ飛んで、一気に混乱に陥ってしまう危険な状況とも言えます」

すでに党内は、腐敗撲滅キャンペーンにより失脚させられた幹部らの怨念で満ちている。いまだに軍や党の内部には、徐才厚や周永康に引き立てられた部下たちが数多くおり、習が暗殺されるリスクは消えていない。習が自分の身辺警護をあえて空軍の特殊部隊に任せているのも、こうした危険を察知しているからなのだろう。

水は則ち舟を覆す

私は、習近平のパワーが強くなることは、党を安定させる一方で、党全体の活力を抑え、党そのものの弱体化につながるのではないか、と思っている。

今の党内を見渡すと、習近平が超越したパワーを持った結果、ほかのライバルたちの力は相対的に弱まり、抵抗勢力もほぼいなくなった。習近平の思考・行動がそのまま党の政策として具現化されていくことになる。

実はここに落とし穴が潜んでいるのではないか。

本書で何度も繰り返している「権力闘争こそ中国共産党の原動力」という仮説を今の共産党に当てはめてみよう。

13億人のピラミッドの頂点に上り詰めた習近平に対抗できるパワーを持った人間は、もういない。党のエンジンの役割を果たしていた権力闘争が起きづらい状況になっている。

プロローグでも述べたように、中国共産党史はすなわちライバルたちによる政争の軌跡だった。

時に政治生命を賭けてぶつかり合い、時に妥協をしながら、政敵との駆け引きを繰り広げてきた。その争いは、裏切りや冤罪《えんざい》、汚職など、手段を選ばない醜くて汚いものばかりだ。他方、そこには常に緊張感が張り詰めており、それぞれが頂点を目指して切磋琢磨することで結果として互いを向上させ、党を活性化させてきた面もある。

第四章で見てきた江沢民と胡錦濤が骨肉の争いを繰り広げた期間は、貧富の格差や環境汚染が放置され、改革はかけ声倒れに終わった。中国という国家を見た場合、「停滞の期間」として歴史に刻まれるかもしれない。

しかし、共産党にスポットライトの焦点を移すと、違った姿が浮かび上がる。

中国で勤務したことがある日本政府高官は、江沢民と胡錦濤の関係について、対立関係だけではなかったとみている。

「二人はふだんは、激しい争いを展開しつつも、重要な局面では役割分担をしていた節がうかがえます。たとえば江沢民は権力の絶頂期に、軍の反発が強かった兵士の大幅なリストラを断行して、あえて嫌われ役を買って出ました。だからこそ、その後を引き継いだ胡錦濤は、軍人の給料を引き上げて歓心を買うことで、軍の掌握を早めることができたのです。二人の間に対立があったからこそ、むしろバランスが保たれていたのではないでしょうか」

こうした争いと駆け引きの中で、二人が生み出したものも少なくなかった。

まさにその最大の産物が、習近平といえるのではないだろうか。この異形の指導者は、腐敗し切った党の病理を取り除くことに歴史的使命を得るだろう。ただし、その先に待ち受けるのは何か――。

孤高の指導者となった習近平には、政敵と取引をしたり分業したりする余地は残されていない。何か失政をした場合、非難や抗議の矛先は習一人に向けられ、ほかの高官らに責任転嫁するわけにはいかなくなる。それが党全体の根底を揺るがす危険性もはらんでいる。

にもかかわらず、習がこうしたリスクをとってでも権力集中を進めざるを得なかったのは、たとえ共産党自体を犠牲にしたとしても、解決しなければならない国が抱える問題があまりにも多すぎるからだろう。

止まらない貧富の格差への国民の不満は、臨界点に達している。

北京大学中国社会科学調査センターが２０１４年７月に発表した統計によると、所得分配の不平等を表す指標であるジニ係数（０～１の間で１に近づくほど所得格差が大きくなる）は０・７３に達した。１パーセントの富裕層が、中国の全財産の約３分の１を占めている状態だという。

これは社会の混乱を招くとされる「危険ライン」の０・４をはるかに超えており、日本の０・３７と比べても異常な数値であることがわかる。ほんの一握りの人間だけが、本当なら13億人に分け与えられるべき富を独占しているのだ。

2020年を過ぎるころ、中国の国内総生産の伸び率が鈍くなるとみられている。国民に分け与えられてきた経済成長の果実が少なくなれば、不満の矛先は政権に向けられ、暴動やデモが多発して体制を揺るがす事態に陥りかねない。

強大な力をバックに人民に対する統制を強めても、現在の体制を維持するには限界がある。国民の中に充満した不満というガスを抜くためには、抵抗勢力を排除して、改革を断行していくことしか、生き残りの道はない。

肥大化した国有企業を改革して、既得権益層にメスを入れることができるか。税制を改革して異常とも言える所得格差を縮めることができるか。地方政府による乱開発を食い止めることができるか。喫緊の改革は山積している。

このことを一番わかっているのが習近平なのだろう。

先述の元党幹部の親を持つ政府関係者が、習が私的な席で最もよく引用するという荀子の書の一節を教えてくれた。

「君は舟なり、庶民は水なり、水は則ち舟を覆す」

舟が水しだいで安定もし転覆もするように、君主の座も人民の出方次第で安定もし転覆もするという意味だ。

あとがき

あの時の体の中まで射通すかのような強い日差しを鮮明に覚えている。

1998年7月、和歌山市園部の夏祭り会場で住民4人が犠牲となるカレー毒物混入事件が起きた。入社2年目で初任地の滋賀県大津支局にいた私は、事件発生の翌日から現地に飛び、5カ月間にわたり応援取材をした。汗でびしょぬれになったシャツを着て、手当たり次第聞き込みをした。

「あの家は仕事で毒物を使っていた」「近所の住民とトラブルが絶えなかった」……。

何人かの住民が、ある家庭を名指しした。後に殺人などの容疑で逮捕される夫婦宅だった。何度か自宅に出向いたが、ほかの記者とともに門前払いされた。諦めずに毎日足を運んで会話を重ねるうちに、少しずつ信頼してもらえるようになった。

家を取り囲んでいる記者たちに向かって、容疑者がホースで水をまいている時、私だけ自宅に上がっていた。夫婦に事件当日の行動や人間関係についてじっくりと話を聞いた。そのうちにいくつかの疑問点が浮かび、証言の矛盾にも気づいた。

自宅裏の用水路で大量の魚が死ぬなど、不可解なことも起きた。同僚たちと裏付け取材を進め、容疑者の知人が、保険金をかけられてヒ素中毒になっていることを報じた。

この一連のスクープは、その年の新聞協会賞を受賞した。

大津に戻った翌年、91年に起きた信楽高原鉄道の列車衝突事故で、同鉄道の3人の社員らへの論告求刑公判が大津地裁であった。事前に求刑の中身をつかみ、検察が公判で明らかにする前に報道した。こうした事はこれまでに例のないことで、検察幹部から、記者クラブへの「無期限出入り禁止」という非常に重い処分を受けた。

その後、広島、大阪と転勤したが、当局の意向に沿わない特ダネを書き、しょっちゅう抗議や処分を受けた。

記者として一人前になってきた入社8年目、1年間中国に留学することになった。

今度は異形の大国が相手だ。期待感よりも不安が大きかった。この時すでに30歳。一から外国語を学ぶには、決して若くはなかった。街には人があふれ、地下鉄に乗るのも、タクシーを捕まえるのも、大学の授業で発言するのも、すべてが激しい競争だ。共産党内の権力闘争が、末端の市民の生活にまでしみこんでいた。

負けても手をさしのべてくれる人は誰もいない。特に中国語がつたなかった私は、絶望感にうちひしがれた。生きるための語学力をつけるため、身振り手振りを交えながら、道行く市民に声をかけた。タクシーの運転手から歴史問題をふっかけられ、3時間近く激論をしたこともあった。このとき、文法も発音もめちゃくちゃでも、心を込めて体当たりで話をすれば、主義や民族の違いを超えて相手に伝わることに気づいた。

07年、とうとう中国特派員として赴任した。たった1年の「促成栽培」では限界があるのはわかっていた。学生時代から中国語を学んでいる記者とは語学力で太刀打ちできない。悩み抜いた末に、私が行き着いた先は、自分にしかできない取材をやろう、ということだった。駆け出し時代からこだわってきた「現場主義」である。とにかく真っ先に現地に行き、当事者の話に耳を傾け、決して権力者におもねらない。この原則にこだわった。

ただし、それは言うは易しいが行うは実に難しかった。反政府のデモや少数民族との衝突の現場に行けば、すぐに当局に拘束される。取り調べを受けたことは10回を超える。

それでも現場に足を運び、当局者や市民の生の声を拾うように心がけた。記者会見場で当局者に声をかけては食事に誘った。

酒を酌み交わしながらざっくばらんに語り合い、ある時は机をたたきながら激論を交わす。この繰り返しの中で相手とのつながりを深めていく。そうして互いに腹を割って話すうちに、公表情報にはない「事実《ファクト》」を少しずつ手に入れられるようになった。

こうして集めた一つひとつの言葉が放つ淡い光を集め、中国共産党というとてつもない深い暗闇をほのかに照らして、ぼんやりとした像を浮かび上がらせようとしたのが、本書の試みである。

光の当て方は難しい。できる限り真相に迫る努力をしてきたつもりだが、時にその光の焦点がずれたり、闇に十分届かなかったりしたこともあった。

しかしながら、かけがえのない友人たちと長年にわたり付き合いを深め、とりとめのない話を重ねることで、彼らの癖、情報源としての信頼性、得意な分野などを自分なりに理解し、より正確で強い光を当てられるようになったと自負している。

本書に取り組むきっかけとなったのは、北京特派員時代に手がけた中国共産党の暗部に迫った連載「紅の党」だ。朝日新聞の中国語版（ネット）が中国内で閉鎖させられるきっかけとなった。本書でも触れた薄熙来による盗聴疑惑や令計画一家の汚職容疑などを公表される2年以上も前に暴いており、改めて正確な内容だったことが証明された。

図星だからこそ、中国当局をいら立たせたのだろう。当局の度重なる抗議にもかかわらず、100回を超える連載を続けさせていただいた中国総局の坂尻信義・前総局長と古谷浩一・現総局長、構想から共に汗を流した林望・総局員を始め、本書の出版を後押しして下さった石合力・国際報道部長には特にお礼を申し上げたい。

本書は、その北京特派員を経て、米国研修までの延べ8年間に出会った中国共産党関係者、中国研究者、そして私の大切な友人たちの証言に基づいて構成されている。中国共産党の報道規制をかいくぐりながら取材を続けるのは、水滴が鍾乳洞をつくるような時間のかかる地道なものだった。しかし、壁にぶち当たるたびに、叱咤激励してくれた彼らに心からの感謝の意を表したい。

本来なら一人ひとりの実名を挙げ、謝辞を述べたいところだが、当局に対して批判的な言動をとることは中国ではタブーである。それが、本文でも「匿名」にせざるを得なかった所以だが、彼らの勇気ある取材協力があったからこそ、この本が出来上がったことだけは記しておきたい。

最後に小学館の柏原航輔氏がいなければ、本書は上梓し得なかったと言っても過言ではない。企画から鋭いアイデアを提供してくれ、私が煮詰まって筆が止まると、付せんを貼ったノンフィクションの良著を米国の自宅まで送ってくれ、アドバイスをしてくれた。心から感謝を申し上げたい。

２０１５年１月

出張先の米ダラスにて

2012年　3月	〝胡錦濤の側近〟令計画の息子が、フェラーリに乗って北京市内で事故死
4月	薄の政治局員職務停止
9月	日本政府が尖閣諸島国有化を閣議決定。中国全土で反日デモが吹き荒れる
11月	第18回中国共産党大会で、習近平が最高指導者の座に就く。胡が「完全引退」表明
12月	周永康と関わりの深い四川省党委員会副書記を取り調べ
2013年　1月	習が党中央規律検査委員会の会議で「トラもハエも同時に叩く」と宣言
6月	カリフォルニア州サニーランズで米中トップ会談
6月（～12月）	四川省副省長、中国石油天然ガス集団（CNPC）の副社長、公安省次官など周の関係者が次々と取り調べ
9月	薄に無期懲役判決
2014年　6月	〝人民解放軍ナンバー2〟徐才厚・前党中央軍事委員会副主席の党籍を剝奪
9月	香港で「民主化デモ」が起こる
11月	北京でAPEC開催。米国大統領のオバマと習は9時間にわたって会談
12月	周の逮捕を発表
同月	令計画の解任を発表

「権力闘争」で読み解く中国近現代史

2002年	11月	第16回中国共産党大会。総書記の座に胡錦濤がつく
2004年	9月	江沢民が総書記を退いた後もとどまっていた党中央軍事委員会主席を胡に譲る
2007年	3月	習近平が上海市党委書記に
	10月	第17回中国共産党大会。閉幕翌日、政治局常務委員のお披露目式にて、習の序列が6位と判明。7位の李克強を抜き、次期最高指導者の筆頭株に躍り出る
2008年	5月	胡錦濤訪日。日本との友好をアピール
	6月	日中両政府が東シナ海のガス田共同開発を発表。「胡錦濤は売国奴」と中国のネットは一時炎上
	8月	北京五輪開幕
2009年	7月	新疆ウイグル自治区で、1000人以上が死傷する騒乱事件。習の責任が問われる
	12月	国家副主席として習近平が来日。天皇への謁見を果たす
2011年	7月	江沢民死亡ニュースが流れる（後に誤報と判明）
	11月	薄熙来が党委書記を務める重慶市で英国人実業家が不審死
2012年	2月	重慶市副市長の王立軍が米総領事館に駆け込む。上記事件への薄の妻の関与を明かす
	同月	国防省は軍の高官、谷俊山の解任を発表

参考文献

・Ezra F. Vogel, "Deng Xiaoping and the Transformation of China", Belknap Press 2013

・James Steinberg and Michael E. O'Hanlon, "Strategic Reassurance and Resolve: U.S.-China Relations in the Twenty-First Century", Princeton University Press 2014

・Joseph Fewsmith, "Xi Jinping's Fast Start"　China Leadership Monitor, no. 41 2013

・Gary King, Jennifer Pan, Margaret E Roberts, "How Censorship in China Allows Government Criticism but Silences Collective Expression" 2013

・愛如生数字化技術研究中心『荀子諸家注』　2012年

・劉明福『中国夢』　中国友誼出版　2010年

・中国共産党中央宣伝部『習近平総書記系列重要講話読本』人民出版社　2014年

・呉偉　『中国80年代政治改革的台前幕後』新世紀出版社　2013年

・江沢民　江沢民文選（1－3巻）人民出版社　2006年

・「習仲勲伝」編集委員会『習仲勲伝』（上・下巻）中央文献出版社　2013年

・杉本信行『大地の咆哮：元上海総領事が見た中国』PHP研究所　2006年

・瀬口 清之『日本人が中国を嫌いになれないこれだけの理由』日経BP　2014年

・朝日新聞中国総局『紅の党 完全版』　朝日新聞出版　2013年

・天児 慧『日中対立：習近平の中国をよむ』ちくま新書　2013年

このほか人民日報、新華社などの記事を参照した。
また、ハーバード大学での研究期間中に、エズラ・ボーゲル名誉教授から教えをうけた中国の内政や米中関係についての分析や視点を、本書執筆にあたり参考にさせていただいた。

なお、第4、7章の一部エピソードに関しては、朝日新聞「紅の党」（2012年6月～13年7月に断続的に連載）を初出としている。どれも筆者の署名記事である。

峯村健司（みねむら・けんじ）

朝日新聞国際報道部機動特派員。１９７４年長野県生まれ。97年朝日新聞社入社。大津、広島両支局、大阪本社社会部を経て、２００５年から中国人民大学に留学。07年に中国総局員に。習近平体制誕生の内幕を最前線で取材。11年には、優れた報道で国際理解に貢献したジャーナリストに贈られるボーン・上田記念国際記者賞を受賞。13年6月からハーバード大学フェアバンクセンター中国研究所客員研究員。14年8月から現職。

十三億分の一の男
中国皇帝を巡る人類最大の権力闘争

二〇一五年三月三日　初版第一刷発行
二〇一五年三月二五日　第二刷発行

著者　峯村健司
発行者　桑田昌志
発行所　株式会社 小学館
〒一〇一-八〇〇一
東京都千代田区一ツ橋二-三-一
電話　編集 〇三-三二三〇-五八〇一
販売 〇三-五二八一-三五五五
印刷所　凸版印刷株式会社
製本所　牧製本印刷株式会社
DTP　ためのり企画

*造本には十分注意しておりますが、印刷、製本など製造上の不備がございましたら「制作局コールセンター」（フリーダイヤル〇一二〇-三三六-三四〇）にご連絡ください。（電話受付は、土・日・祝休日を除く九時三〇分〜一七時三〇分です）

　ISBN978-4-09-389754-9

カバー写真／EPA＝時事